消费经济与消费者行为研究

陈颖　连波◎著

吉林人民出版社

图书在版编目 (CIP) 数据

消费经济与消费者行为研究 / 陈颖，连波著 . -- 长
春 : 吉林人民出版社，2021.5
ISBN 978-7-206-18078-1

Ⅰ . ①消… Ⅱ . ①陈… ②连… Ⅲ . ①消费经济学 –
研究②消费者行为论 – 研究 Ⅳ . ① F014.5 ② F036.3

中国版本图书馆 CIP 数据核字 (2021) 第 078821 号

消费经济与消费者行为研究

XIAOFEI JINGJI YU XIAOFEIZHE XINGWEI YANJIU

著　　者：陈　颖　连　波
责任编辑：王　丹　　　　　　　　封面设计：袁丽静
吉林人民出版社出版 发行（长春市人民大街 7548 号）　邮政编码：130022
印　　刷：三河市华晨印务有限公司
开　　本：710mm × 1000mm　　　　　1/16
印　　张：12.75　　　　　　　　　字　　数：220 千字
标准书号：ISBN 978-7-206-18078-1
版　　次：2021 年 5 月第 1 版　　　　印　　次：2021 年 5 月第 1 次印刷
定　　价：69.00 元

如发现印装质量问题，影响阅读，请与印刷厂联系调换。

前 言
preface

经济发展与消费理论的关系是相辅相成的，消费理论的研究促进了经济发展和社会进步，而经济发展也推动了消费理论的研究。二者密不可分，辩证统一。研究消费经济是正确处理生产与消费的关系，实现生产与消费的有机结合的内在需要，是拉动国民经济整体增长的需要，是重塑市场经济的微观基础，也是开拓消费领域、优化消费结构的需要。

而在现实生活中，每个人都必须使用和消费食品、服装、住房、交通设施、医疗设施、教育设施、娱乐设施、体育设施以及各种各样的生活必需品，甚至是某种理论和思想。可见，从某种意义上说，我们每个人都是消费者。研究消费者行为，不仅有利于帮助和引导消费者，保护消费者权益，有助于企业进行正确的营销决策和制定相应的营销策略，从而赢得消费者，还有利于国家宏观经济政策的制定和生态环境的保护。

有鉴于此，本书从消费经济与消费者行为方面着眼进行研究。本书首先介绍了消费需求与经济发展的基本认知，然后，阐述了消费经济的要素，如消费结构、方式、市场、环境等，对消费经济的主要类型进行了剖析；接着，对消费者进行了详细探讨，包括消费者的需求、态度、生活方式以及各种影响消费者行为的因素等。此外，本书还就当前互联网时代下的消费经济情况和消费者行为进行了分析，同时，探讨了直播模式下的网络营销与消费者行为。

本书共七章，由湖南大众传媒职业技术学院的陈颖和包头轻工职业技术学院的连波共同撰写。其中，第一、二、三、七章由陈颖撰写，合计 12 万字，第四、五、六章由连波撰写，合计 10 万字。本书适合与消费经济相关的从业者与研究者阅读与参考。鉴于笔者水平有限，书中难免存在疏漏和不足之处，恳请广大读者批评指正。

目　录
contents

第一章　消费需求与经济发展

第一节　消费需要的基本认知

一、消费需要的概念及其界定

（一）消费需要的概念

消费需要是指消费者为了实现自己生存、享受和发展的要求所产生的获得各种消费资料（包括服务）的欲望和意愿。人们的消费需要包括吃、穿、住、用、行、文化娱乐、医疗等方面的需要。消费需要及其满足程度取决于生产力发展水平。生产没有发展到某种程度，不仅某些需要不可能得到满足，甚至不可能产生。

消费需要是整个需要体系的一个极其重要的部分。人类生存的第一个前提也就是一切历史发展的第一个前提，就是要能够满足人类衣、食、住等生活用品的基本需要。在这个前提下，人们才能够生活，能够创造历史。社会要满足人类的需要，就必须发展生产。

消费需要包含在人类一般需要之中，体现为消费者对以商品和劳务形式存在的消费品（消费资料）的直接需要。消费者行为不仅来源于人类一般需要，而且带有消费需求的基本特征。在社会生产、科学技术和文化艺术日益发展的今天，消费者对物质的、精神的和其他的各种心理需要也在不断提高。

（二）消费需要的概念界定

1. 消费需要不同于居民货币收入

居民货币收入是构成有支付能力的消费需要的主要内容，但并不是全部。消费需要除了由货币收入形成的有支付能力的需要以外，还包括实物配给的需要，如机关事业单位在过节时无偿分配的物品。从这个意义上说，消费需要的概念要比货币收入宽泛。

2. 消费需要不同于消费总额

消费总额是已经实现的消费总量。它是不可能出现膨胀的。而消费需要则不同，它既包括已经实现的消费，还包括尚未实现的消费及观念上的消费需要（如对别墅、豪华车的青睐与需求），后者有可能出现膨胀，表现为某个时间内争相满足或提前实现这部分需求。我们平常所说的消费膨胀或消费基金膨胀，严格来讲，实际上是消费需要的膨胀。对于消费膨胀，可以通过宏观调控来控制。

3. 消费需要不同于消费基金

消费基金是从国民收入分配中用于消费的，而消费需要不仅包括这些，还包括未计入国民收入的又用于集体或个人实际消费或储蓄的部分，如小金库，只是不再应用"国民收入"和"消费基金"的概念。可以看出，消费需要概念的外延是很广的。

二、消费需要的分类

（一）马克思对消费需要的分类

在马克思的相关著作中，把人的消费需要分为三类，即生存的需要、享受的需要、发展的需要。由于人的需要存在这三种类型，因此社会生产也被划分为三大类，即生存资料的生产、生活资料的生产、发展资料的生产。

1. 生存的需要

生存的需要是恩格斯需要满足理论中最低层次的需要，是指一定社会历史中的人，为了维持生命的延续以及种族的繁衍，通过自身与外界的物质交换而实现的一种需要。基本需要是人的全部需要的基础，人只有满足了自己的生存需要，维持自己的生命延续与新的个体生命的再生产，才能实现其他的需要。从经济学意义上来说，基本需要的消费是有一定限度的。尽管基本需要存在于任何个体中，但是收入越低，基本需要越难以得到满足；而随着收入水平的提高，基本需要逐渐得到满足并趋于饱和。

2. 享受的需要

享受的需要是人性追求舒适、惬意和生活质量的提高，优化自己生存条件的需要，是在基本需要得到持续稳定的满足的基础上逐渐产生的。享受的需要不仅包括物质的，而且还包括文化的、精神的享受。马克思主义认为，充分满足人民群众日益增长的物质和文化需要，是社会主义生产的目的。只有这两种生活需要都得到充分的满足，人的生活才是健康完美的。从经济学上来说，如果人们只满足于基本需要的消费，那么市场很快就会饱和，导致生产的创造力远高于人们的消费需要；要进一步发展经济，就必须满足人们的享受需要，由基本需要的消费扩大到享受需要的消费。享受的需要不仅扩大了商品生产，创造了新的使用价值，而且丰富了人们的精神世界。尽管任何人都有享受需要，但是在收入约束线下，增加享受需要的消费，必然会减少基本需要的消费。因此，在既定收入水平下，人们只能先满足基本需要，然后再满足享受需要；之后随着收入水平的提高，人们对享受需要的消费逐渐增加，但不是无限增加。当然，这还取决于市场对享受需要的供给和开发程度。

3. 发展的需要

发展的需要是人们为了提高自己的体力素质和智力素质而产生的对某种商品或劳务的需要。发展需要是最高层次的需要，它是建立在生存需要和享受需要得以满足的基础之上的。发展的需要是符合人的本性的需要，只要人活着，就有发展的需要，无论是作为单独的生命个体，还是作为社会群体中的一员，都离不开发展。发展的需要是对人力资本的一种投资，也是社会发展的重要保证。只有当生存需要和享受需要得到满足时，人们才会有更多的时间和金钱来满足发展需要。不论收入水平如何，人们都有发展的需要：当收入水平较低时，满足是基础的基本需要，仍然视为基本需要的范围；随着收入水平的提高，发展需要的满足既是消费行为，又是投资行为。

（二）我国消费经济学者对消费需要的分类

1.按消费需要的产生原因分类

按消费需要的产生原因，可以把消费需要分为自然性消费需要和社会性消费需要，或生理消费需要和心理消费需要。

自然性消费需要是指人们为维持和延续生命，对于吃、穿、住、用、行、休息、睡眠、安全、婚姻家庭等基本生存条件的需要。这种需要是人作为生物有机体与生俱来的，是由消费者的生理特性决定的，因而，又称为生理的需要。社会性需要则是消费者在社会环境的影响下所形成的带有人类社会的某些特点的需要。如，对科学知识、文化艺术、道德修养、荣誉、成就、社交、友谊、权力以及爱与美的需要等。这种需要是人作为社会成员在后天的社会生活中形成的，是由消费者的心理特征决定的，因而，又称为心理的需要。人是自然界的产物，不能摆脱大自然的制约，因此，绝不会没有任何自然性需要。而人的社会性消费需要是以人的自然性需要为前提和基础的，并从自然性需要中发展起来，为人类所独有的。当个人认识到这些需要的必要性时，社会需要就可以转化为个人需要。

2.按消费需要的购买目的分类

按消费需要的购买目的，可以把消费需要分为生产性消费需要和生活性消费需要。

这种分类是对消费需要所做出的最基本的分类。生产性消费需要是指为了满足生产过程中物化劳动和劳动消耗而形成的需要。例如，生产企业为了顺利地进行生产，需要一定的原材料、燃料、工具、设备等，还需要掌握一定技能的操作工人、管理人员等，这些都属于生产性消费需要。生活性消费需要则是指为了满足个人生活的各种物质产品和精神产品以及对文化、教育、艺术等精神产品的需要。如，人们生活中对衣、食、住、行等物质产品以及对文化、教育、艺术等精神产品的需要，即属于生活性消费需要。消费经济学研究的消费需要，不是前者，而是后者，即生活性消费需要。

3.按消费需要的实质内容分类

按消费需要的实质内容，可以把消费需要分为物质消费需要、精神消费需要和生态消费需要。

物质消费需要指消费者对以物质形态存在的、具体有形的商品的需要。

这种消费需要反映了消费者在生物属性上的欲求，其中又可以进一步做低级和高级之分。低级的物质消费需要指向维持生命所必需的基本对象；高级的物质需要是指人们对高级生活用品，如现代家用电器、高档服装、美容美发用品、健身器材等的需要。物质消费需要是人类社会存在和发展的基础，也是消费者的最基本、最重要的需要。物质消费需要既包括自然性消费需要，又包括社会性消费需要。随着社会生产的不断发展，人们的物质消费需要水平也日益提高。

精神消费需要是人类所具有的心理需要，是人类所特有的需要，是人对自己的智力、道德、审美等方面发展条件的需要的反映，如获得知识、提高技能、寻求爱情、社会交往、艺术欣赏、政治进取、陶冶情操等，属于对观念对象的需要。随着社会的进步和发展，人类的精神消费需要也在不断地增添新的内容。高级的物质消费需要和精神消费需要之间的区别是相对而言的，因为满足精神消费需要必须依赖一定的物质条件，即通过载体来实现。如发展智力的需要，可以通过书籍、报纸、杂志、影视、文化用品等予以满足；追求健康与美的需要，可以通过得体的服饰、化妆品、保健品等予以满足。

"生态消费需要"，其广义的内涵是指人类与其赖以生存和发展的环境在特定空间的统一的需要，生态消费需要满足的程度，取决于环境质量和生物圈的状况。其狭义的内涵是指居民生活性绿色消费需要，表现为对绿色食品、绿色服装、绿色汽车等具体绿色消费品的需要。随着工业和社会的发展，环境污染，生态平衡遭受破坏，严重地威胁着人们的生存和发展。人们的消费需要，不仅包括物质需要和精神需要，还应包括生态需要。生态需要对人的生存和发展、对满足人的消费需要具有极端重要性。生态需要不仅是最基本、最重要的生存需要，也是很重要的享受和发展需要。生态需要得到满足，不仅可以反映消费层次、消费质量的提高，还可以反映出社会的全面进步和社会文明程度的提高。

4.按消费需要满足的对象不同分类

按消费需要满足的对象不同，可以把消费需要分为个人消费需要和社会公共消费需要。

个人消费需要主要是指通过按劳分配或其他方式得到的收入，以个人或家庭消费的形式而实现的需要。个人消费需要是实现个人消费的前提，它既包括个人在吃、穿、住、用、行等物质生活方面的消费需要，也包括个人在接受教育、阅读书刊、陶冶情操、实现理想、社会交往、获得尊重等精神生活方面的消费需要，反映人们对消费资料或劳务的依赖关系。个人消费需要的产生及其实现程度，既取决于社会生产力的发展水平和社会生产关系，也取决于消费者个人的收入水平。同时，它也受社会习俗、家庭环境、文化层次等多种因素的影响。随着社会生产的发展，在个人消费需要中会出现物质生活消费需要所占比重逐渐缩小、精神生活消费需要所占比重逐渐增大的趋势。

社会公共需要是指国家或集体通过分配社会消费基金或集体消费基金而实现的需要。它与个人需要一起构成整个需要体系，是维持人类社会存在和发展并为实现个人需要创造必要条件和发展环境的基本前提和保障。它主要包括：①国家行政管理和保卫国家安全方面的需要；②文化教育、医疗卫生、妇幼保健、公共交通、体育娱乐等社会服务方面的需要；③社会救济、社会保险等方面的需要。

个人消费需要是在家庭中进行的，具有分散性、灵活性、多样性的特点；社会公共消费需要是供全体人民共同使用的，具有相对的统一性和公共性。在我国目前的生产力水平条件下，个人消费需要是最重要、最基本的。因此，改善人们的生活仍应主要依靠增加个人消费基金，不能过多地扩大公共消费基金，但从长远看，公共消费需要具有越来越大的发展趋势。

5.按消费需要的实际内容分类

按消费需要的实际内容，可以把消费需要分为实物消费需要和劳务消费需要。实物产品是人和自然之间物质变换的产物，其产品是使用价值，是经过形式变化而适合人的需要的自然物质；劳务产品主要是活劳动的产物，不是作为物，而是作为活动体现的。我们不仅要满足人们的实物消费需要，而且要满足其日益增长的劳务消费需要。社会越发展，劳务消费越重要，它在消费需要中所占的比重将不断提高。

6.按消费需要实现程度分类

按消费需要的实现程度，可以把消费需要分为实际消费需要和潜在消费需要。实际消费需要是指消费者在其支付能力范围内，已发生了消费行为的消费需要；潜在消费需要是指消费者仅有消费欲望，但尚未实现的消费需要。研究实际消费需要有助于为企业当前的生产经营活动指明方向，有助于企业及时追踪市场，使产品适销对路；研究潜在消费需要有助于为企业未来调整生产经营方向指明道路，研究开发新产品，更好地满足人们生活水平提高所提出的要求，有助于政府调控经济，实现产业结构的合理化，推动社会经济的快速发展。

三、消费需要的基本特征

（一）消费需要的多样性

消费需要具有多样性，由于消费者在年龄、性格、工作性质、民族传统、宗教信仰、生活方式及习惯、文化水平、经济条件、兴趣爱好、情感意志等方面存在不同程度的差异，因此导致消费者心理需求的对象与满足方式纷纭繁杂，对主导需要的抉择是不一致的。

（二）消费需要的变化性

消费需要的内容，从静态分布上看就是多样化，从动态观点看就是由低到高，由简到繁，不断向前推进的。随着商品经济的发展和精神文明的提高，心理需要会不断地产生新的对象，消费者对某项需要一旦满足以后，就不再受该项需要激励因素的影响，而会产生其他更高一级的需要，并不断向新的需要发展。

从"三大件"的历史变迁可以看出人们消费需要的发展性。20 世纪 70年代，中国百姓将手表、自行车、缝纫机视为家庭"三大件"；80 年代，新的"三大件"是彩电、冰箱、洗衣机；90 年代，"三大件"变为空调、电脑、电话。现在人们说的"三大件"可能是房子、车子、现代电器或者更多。回顾家庭耐用消费品发展变化的轨迹，可以看到，随着社会生产力的发展和人民收入的不断增加，消费内容和消费质量会不断地发生变化。

需要的发展与客观现实刺激的变化具有很大的关系，经济社会与政治体制的变革、道德风尚的变化、生活或工作环境的变迁乃至宣传广告的演变，都可促使消费者产生需要的转移和变化。

（三）消费需要的层次性

关于消费层次的分类，主要有两种方法，一种是按照马克思主义理论的分类法，另一种是按照马斯洛的分类法。

按马克思主义理论的分类法，人的需要有三个方面，即生存需要、享受需要、发展需要，或者说消费资料分为三个层次：生存资料、享受资料与发展资料。生存资料维持劳动力的简单再生产，是最低级的消费层次；享受资料是用于提高生活消费质量的消费资料，也是消费的最高层次；发展资料用于提高人的劳动技能和获取个人进一步发展的机会，在满足生存资料的基础上实现。

按马斯洛的分类法，把人的需求分成生理需要、安全需要、社交需要、尊重需要和自我实现需要五类，依次由较低层次到较高层次。在自我实现需要之后，还有自我超越需要。但通常不作为马斯洛需要层次理论中必要的层次，一般情况下人们会将自我超越需要合并至自我实现需要当中。

（四）消费需要的无止境性

从消费的角度看，当某种需要获得某种程度的满足后，另一种新的需要又产生了，消费在任何时候都不可能得到绝对的满足。从这个意义上说，需要是永无止境的。消费者的需要是随着社会的发展而发展的。

从消费的趋势来看，人的消费在不同的时间有着不同的消费需要，这种消费需要大体可分为基本需要和奢侈需要。随着社会生产力的发展，基本需要和奢侈需要不断交替性地发生变化。原来的奢侈需要会变成后来的基本需要，从而再产生更新的奢侈需要。随着社会的进步，新的奢侈需要又会慢慢地变成基本需要，从而又会产生新的奢侈需要。随着社会的发展，这个交替性转换会不断发生，说明人的消费是永无止境的。

（五）消费需要的可诱导性

消费者决定购买什么样的消费品，采用何种消费方式，怎样消费，既取决于自己的购买能力，又受到思想意识的支配。周围环境、社会风气、人际交流、宣传引导等，都可以促使消费者产生新的需要，或者由一种需要向另一种需要转移，或者由潜在的需要变成现实的需要，由微弱的消费欲望变成强烈的消费欲望。因此，消费者的需要可以通过引导、调节而形成，也可以因外界的干扰而消退或变换。

（六）消费需要的调节性

这种调节性主要表现在消费的伸缩性上。伸缩性表现在消费者对心理需要追求的层次高低、种类多少和程度强弱。在现实生活中，消费者的需要，尤其是以精神产品满足的心理需要，具有很大的伸缩性，可多可少，时强时弱。当客观条件限制了需要的满足时，需要可以抑制、转化、降级，也可以滞留在某一水平上，还可以是以某种可能的方式同时或部分地兼顾满足几种不同性质的需要。在特定情况下，人还会只满足某一种需要而抑制其他需要。如高考复习阶段的学生，为了能学好知识迎接高考，则暂时抑制了旅游及娱乐的需要。消费者需要的伸缩性是人们用于解决"需要冲突"的适应性行为。

（七）消费需要的时代性

消费者的心理需要还会受时代风气、环境的影响，时代不同，消费者的需要和消费习惯也会不同。不甘落后于时代，随周围环境的变化而变化，是一般人常有的心理特征。随着经济条件的普遍好转和科学知识的普及，中国消费者现在越来越重视身体健康，逐渐形成有利于身体健康的消费习惯，对不利于身体健康的消费习惯则采取坚决摒弃的态度。在这方面，科学的消费知识宣传极大地左右着人们消费习惯的取舍。例如，科学研究报告指出，人体吸收脂肪过多会引起心血管疾病，还会诱发胆囊炎和胰腺炎。这样，人们就会自觉改变原来的饮食习惯。消费习惯的改变，体现了消费需要的时代性。上述情况的出现，无不表明了消费需要的时代特征。

四、消费需要的影响因素

影响消费需要的因素很多，但主要可以归纳为两大类，即经济因素和社会因素。经济因素是影响消费需要的具有决定作用的物质因素，社会因素是影响消费需要的一种复杂的、综合性的因素。下面分别加以分析。

（一）影响消费需要的经济因素

1. 消费者货币收入的数量和构成

消费需求不仅要有消费意愿，还要有满足消费意愿的货币收入的数量，只有具备一定数量的货币收入，才能促进消费需求的实现。主要表现为以下三个方面：一是当收入水平较低时，人们的需求层次也较低，在消费中以购买基本生存资料为主，如食品，满足最基本的生活需要。随着收入水平的逐步提高，基本生活得到保证，人们会更重视享受和自我发展的消费，如教育、文化、娱乐等。这种变化可以由恩格尔系数的变化来表现。收入越少，用于购买食物的支出占总支出的比例就越大，恩格尔系数就越高；反之，恩格尔系数就越低。二是居民收入水平较低时，人们倾向于选择"性价比"较高的消费方式，选择相对便宜的产品来实现需求；而在收入水平提高后，人们更愿意选择能够提供完善服务、为自己带来更多方便、能体现自身价值的产品和服务。三是消费品的需求收入弹性会随收入数量变化而变化。收入弹性越大，表明需求随收入增加而增加得越快；反之则越慢。一般来说，随着人们收入水平的不断提高，生存资料的收入弹性会逐渐变小，而享受资料、发展资料的收入弹性会逐渐加大；低档消费品的收入弹性会减小，甚至为负，高档消费品的收入弹性会趋向变大，但在到达一定程度后，也会逐步变小。这是因为随着社会经济的发展进步，原来属于高档的消费品的社会生产率提高，价格降低，同时，人们的收入水平也在提高，从而使得越来越多的人能够购买得起此类商品，那么，这种消费品就会逐步由高档变为中档，最后还有可能成为低档淘汰商品。

从构成上来讲，消费者货币收入分常规收入和非常规收入（第二职业收入；其他额外收入——接受馈赠、奖励等），它们对消费需要的影响是不同的。一般来说，常规收入数量既定，人们消费起来比较慎重，指向也多是基本生活消费品；非常规收入来得容易，因而消费起来比较轻率，指向多为非基本生活用品。而近年的统计资料表明，特别是城镇居民的收入构成中非常规收入呈上升趋势，这对消费需要将产生新的影响。

2.消费品价格水平

消费品价格是消费品价值的货币表现。在商品经济条件下，消费者购买消费品，是以货币为媒介的。也就是说，要按照消费品的价格支付相应的货币，才能换回一定价值量的消费品。因此，消费品价格的涨落变化，对消费者的消费需要有着重要的影响。价格与消费需要呈反比例变动。当某种商品价格下降时，在其他条件不变的情况下，消费者对消费品的需要量就会上升；哪些消费品价格下降得越多，人们对它的需要量就会越大。相反，当消费品价格上涨时，在其他条件不变的情况下，消费者对消费品的需要量就会下降；哪些消费品价格上涨的幅度越大，对它的需要量就会越小。但是，在许多情况下需要量与价格之间的变化并不是像我们上面所说的呈反比例变化，而是呈正比例变化，即消费品价格上升，消费者对消费品的需要量上升；消费品价格下降，消费者对消费品的需要量下降，这是消费心理作用的结果。当商品价格上升时，人们出于购买的紧张心理，担心价格还会上涨，因而进一步激发了消费需要；当商品价格下降时，消费需要减少，情况比较复杂：有些人出于期待商品价格进一步下降的心理，抑制了消费需要，有些人则认为"便宜没好货"，商品减价是急于推销，因而不愿意购买。这种情况在一些流行性、风潮性商品上表现得尤为明显。另外，一些高档商品，如工艺品、装饰品价格下降，也会降低其在消费者心目中的地位，从而减少消费需要。

我们在研究消费品价格水平对需要量的影响时，不能忽略不同商品的替代与互补作用。如价格发生变化，需要量也会随价格的变动增加或减少，但减少的消费需要并不一定是不存在了，它既可能是一种暂时的压抑，也可能转移到对其他相关产品的需要上。这是因为许多商品具有相互替代性和补足性。例如，面包和蛋糕、猪肉与牛肉，具有很强的替代性。当消费者对面包和猪肉产生需要而又无法得到有效满足时，那么，就会转向对蛋糕和牛肉的需求。因为它们都可以满足消费者解除饥饿、补充营养的需要。另一类商品，如洗衣机和洗衣粉、小汽车和汽油、录像机和录像带则是两组补足性商品，其表现特点是对前一种商品的需要量的增加或减少，会导致对后一种商品需要量的增加或减少。

我们在研究替代品时还要注意，当消费者花在某种商品上的支出占收入中的较小部分时，这种商品价格上涨，消费者不会花很大力气去寻找替代品，但如果占的比例较大，则情况可能相反。例如，一个经常消费牛肉的人，当牛肉价格上涨时，他可能购买猪肉代替对牛肉的需要。如果是他使用的鞋油或牙膏涨价了，他却不一定去寻找替代品。

3. 产业结构

产业结构决定着产品结构，进而决定消费品结构，成为影响消费需要的又一重要因素。基本模式可以概括为：消费需求结构→产业结构→产品结构→消费品结构→消费结构→更高层次的消费需求结构→更高层次的产业结构……如此循环上升。表现在：一是产业结构的内部比例影响消费需求。即第一产业、第二产业、第三产业占总产出的比重，直接影响着社会生活中消费品的数量和种类，从而影响消费需求的构成。二是第一、第二、第三产业的内部结构影响消费需求。如第一产业里的种植、林、牧、渔的结构直接关系到人们对粮食、水果、肉类、蛋、奶等的消费数量。三是产业结构的技术水平影响着消费需求。一方面，技术水平的提高必然带动生产率的提升，从而使得可供消费者消费的产品数量也会增加；另一方面，技术水平的提高，使得能够满足消费者更高需求的产品得以研发问世，拓宽了人们的消费领域，产品更新换代的速度越来越快。

（二）影响消费需要的社会因素

社会因素包括的方面很多，诸如社会福利政策、价格因素、人口因素、消费心理、消费习惯、环境因素、民族传统等。这里只就人口因素、环境因素和消费心理、消费习惯做初步探讨。

1. 人口因素

人口因素包括人口总量和人口结构。人口总量是指一国或一地区在一定时期内的全部人口数量。在国民收入一定的情况下，人口数量通过影响人均收入，进而影响人均消费支出来改变消费需求。在其他条件不变的情况下，人口越多，人均国民收入越少，居民收入也相应地越少，消费需要的满足程度就越低。从单个家庭看也是如此，家庭人口数量决定着家庭的规模，影响家庭负担系数。在家庭就业人口一定的情况下，家庭人口老龄化及小孩出生率高，则家庭负担系数大，每一家庭成员的消费需要满足程度越低。人口结构主要包括年龄、性别结构、职业结构、地区结构、文化结构等。不同年龄、不同性别、不同职业、不同地区、不同文化素质的消费者各有不同的消费需要。另外，人口结构的变化也会相应地带来消费需要的总量及其结构的变化。

2. 环境因素

这里所说的环境因素是指自然环境因素。自然环境是环绕人们周围的各种自然因素的总和，是人类赖以生存和发展的物质基础。随着自然环境的不断恶化，气候变暖问题的日益突出，环境问题越来越受到全世界各国的重视和关注。环境恶化使人们的生活环境遭到破坏，生存条件受到威胁，消费资料遭到污染，对人们的身心健康造成危害，势必迫使人们用于医疗卫生的支出不断增加。传统需求观把人类需要分为物质需要和精神需要，随着环境问题越来越受到人们的重视，生态需要也逐渐浮出水面。

3. 消费心理和消费习惯

消费心理作为一种消费思维活动，指导和制约消费者的消费实践活动。消费者消费心理的差异性往往带来消费需要的丰富多彩。不同阶层、性别、年龄、地区的消费者因为消费心理的不同而产生不同的消费需要。消费心理作为一种内在的主观因素影响着消费需要，消费风俗和习惯则构成一个国家、一个地区、一个民族的消费者消费行为的外在客观条件。比如，很多欧美国家的人们通常晚上不出去购物，而是待在家中享受和家人相聚的时光。因此，很多欧美国家的商店在晚上都不营业。商店要开展好商品经营活动，就必须适应不同的消费心理、消费风俗、消费习惯，只有这样，才能更好地满足消费者各种不同的消费需要。

五、消费需要的研究意义

（一）消费需要在社会经济中的地位

（1）消费需要是人们初始的需要、最基本的需要。

（2）消费需要是一切经济活动的起点。消费作为一切经济活动的起点和终点，是经济发展的原动力。人们通过消费，满足了其需要，又会产生新的需要，新的需要又推动生产不断发展。从社会再生产的内在联系来看，没有消费资料的生产，就不会引起人们对生产资料的需要，也就没有生产资料的发展。因此，消费是一切经济形态的牵引力。

（3）消费需要直接体现消费的社会生产目的。詹姆斯·穆勒在其《政治经济学原理》一书的摘要中，阐述了关于消费和消费需要的观点：生产、分配、交换只是手段。谁也不为生产而生产。所有这一切都是中间的、中介的活动。目的是消费。非生产性消费不是手段，而是目的，是通过消费得到的享受。

（4）消费需要是优化资源配置的根据。消费在社会再生产中具有重要地位和作用，它直接体现社会生产目的，是促进社会经济增长的重要动力，并有利于促进社会文明和社会的全面进步。

（二）研究意义

1.了解消费者的需要心理，预测消费趋势

消费者的需要是推动消费者进行各种消费行为的最普遍的内在动因，因而也是影响销售的首要推动因素。消费者的需要，必然会直接或间接地表现在不同的购买活动之中。因此，通过各种途径和方式，了解和掌握消费者的心理需要，对于了解社会消费现象、预测消费趋势、促进消费活动的作用是不能低估的。

2.了解消费者的需要心理，引导消费，创造消费

营销观念的演变，已经使绝大多数的企业树立起以市场为导向的营销观念，这无疑是一个非常大的进步。然而，在市场竞争日益激烈的今天，企业的认识还不能仅止于此。具有竞争力的产品，不仅应该满足消费者的即时消费需要，而且还应该是全新的消费观念的指引者。因此，仅仅满足消费者的需要，还不能称得上是一个优秀的企业，因为它并没有创造新的消费需要，也没有带来新的消费满足。企业应当引导消费，创造新的市场和新的顾客。

3.利用消费者需要心理的发展，不断更新市场策略

人们的需要心理是永远不会停止的，因而，需要也是永远得不到完全满足的。这一点对于市场营销也是非常重要的。消费者的需要不满足的状态是经常存在的，一种需要得到满足以后，另一种更高层次的需要就会随之产生。一种商品过去被认为具有较高的价值，能够满足消费者的需要，但现在也许被认为是落伍的、应当被淘汰的东西。企业应该根据消费者不断变化的消费需要，设计、生产和推销符合并且满足消费者新的需要的产品。

第二节 消费需求的基本认知

一、消费需求的概念与分类

（一）消费需求的概念

1. 从心理学角度看

所谓需求是指人体和社会生活中所必要的事物在人脑中的反映，它是产生一切消费行为的原动力。从心理学的角度看，需求指的是未被满足的一种状态，消费需求则是指消费者具有通过商品和服务使自身物质生活和精神生活得到满足的需求。

美国心理学家马斯洛提出一个著名的需求层次理论，即把人的需求分成生理的、安全的、社会的、尊重的和自我实现的需求，揭示了人类需求的层次性，也反映出消费需求的层次性。恩格斯说："人类的生产在一定的阶段上会达到这样的高度：不仅能够生产生活必需品，而且能够生产奢侈品。即使最初只是为少数人生产。这样，生存斗争就变成为享受而斗争，不再是单纯为生存资料斗争，而且也为发展资料、为社会的生产发展而斗争。到了这个阶段，从动物界来的范畴就不再使用了。"[①] 在这里，恩格斯把人们的消费需求划分为生存、享受、发展三个层次。在一定生产力水平下，人们总是先满足基本的生存需求，再满足发展、享受需求。而且，随着经济收入的不断增加及社会的不断进步，人们更多地追求高层次的享受、发展需求。消费需求这种由简单到复杂、由低层次向高层次的不断变化，反映出消费质量的不断提高和社会经济的不断发展。

2. 从经济学角度看

从经济学的角度来看，需求就是指消费者具有货币支付能力的实际需要，具体包括两个方面的内容：一是消费者的实际需要，二是消费者愿意支付并有能力支付的货币数量。前者取决于消费者实际需要的商品的价格（P1）和替代商品的价格（P2）；后者取决于消费者的实际收入水平（I）和消费者的支付心理（E）。于是，消费者需求可以用函数模型表示为：

---

① 马克思，恩格斯．马克思恩格斯全集[M]．第 34 卷．北京：人民出版社，1972：163.

$$Q = f（P1，P2，I，E）$$

根据函数模型，可以得出以下结论：

（1）消费者需求由消费者的实际需要决定。

（2）消费者需求量总是受消费者收入水平的限制。作为理性的消费者，总是希望用较少的钱去获得尽可能多的商品。因此，商品的价格与需求量呈反比例关系。

（3）消费者的收入增加，有利于消费支出的增加。但是，理性的消费者绝不会愿意用更多的钱去购买与过去完全同质的商品。因此，只有提高商品的档次，才能满足收入增加后的消费者的实际需求。

（4）只要有替代商品存在，可以相互替代的商品的价格由商品的差异性决定。

在商品匮乏的时候，即商品经济处于不发达阶段时，消费者的消费范围比较狭窄，消费的种类单调，消费满足程度极其有限。在这样的情况下，消费者的消费需求及其满足程度都处于一种压抑状态。在市场经济条件下，生产资料和生活资料都是商品，而且品种极为丰富，人们的生活需求、生产需求以及社会的消费需求都可以通过市场交换得到实现和满足。随着社会生产力的不断发展，企业将向市场提供数量更多、质量更优的产品，以便更好地满足消费者的消费需求。同时，随着人们物质文化生活水平的日益提高，消费需求也呈现出多样化、多层次的特点，并由低层次向高层次逐步发展，消费领域不断扩展，消费内容日益丰富，消费质量有不断提高的趋势。

需求是以购买能力为基础的欲望。例如，小轿车作为一种便捷的交通工具，人人都需要，但对没有购买能力的人来说，小轿车的需要只是一种欲望，只有对具有足够支付能力的人来说才是需求。在市场经济条件下，人类的需求表现为市场需求，因此，并非所有的人类需要都能转化为需求，也并非所有的人类欲望都能得以实现，购买能力是问题的关键。人类的欲望无限，而购买能力有限。

（二）消费需求的分类

消费者的需求往往是多方面的、不确定的，很难做出具体的界定。消费者对商品的消费需求，基本上可以划分为以下几大类。

1. 按消费目的分类

消费需求按消费目的不同，可分为生产性消费需求、生活性消费需求、社会性消费需求。

生活性消费需求是指为满足个人生活的各种物质产品和精神文化产品的需要。如人们生活中对物质产品的需要，对文化、教育、艺术等精神生活的需要。

生产性消费需求是为满足生产过程中物化劳动和活劳动消耗的需要。如企业的生产需要劳动力，需要厂房、土地和机器设备，还需要原材料、水、电、气等，这些都属于生产性消费需求。

社会性消费需求是为了满足社会公共生活需要而进行的消费，如科研消费、国防消费、教育消费、卫生消费、城市基础建设消费甚至战争消费。其目的是满足社会成员的福利，为了国家的强大和社会文明的进步。

2. 按消费需求满足的对象分类

消费需求按消费需求满足的对象不同，可分为个人消费需求和社会集团消费需求。

个人消费需求是指居民有货币支付能力的生活消费需求。它是人们为满足自身需要而对各种物质生活资料和精神产品的需求，是人们维持自身生存和发展的必要条件，也是人类社会最大量、最普遍的经济现象和行为活动。个人消费需求多种多样、千差万别。个人消费不仅可以满足个人的不同需要，而且还可以实现劳动者的个人物质利益，调动劳动者的生产积极性。随着市场经济的发展，个人消费需求的领域将不断扩展，内容会更加丰富，消费需求的满足程度也将大大提高。

社会集团消费需求一般属于公共消费需求，其目的是为了社会整体服务。如为提高科学文化水平和居民素质服务的部门，科学、教育、卫生、文化、体育等为公共需要服务的部门的需求，如国家机关、政党、社会团体、军队等对各种公共消费品的需求。还有的直接是物质生产部门对各种公共消费品的需求，如办公设备、信息设备等。社会集团需求一般来说需求量大，购买集中，属于理性的专业性购买，由专门人员负责采购，以本集团的经济利益为基准。社会集团消费需求在我国的社会消费需求总量中占有相当大的份额。

3. 按消费需求的对象分类

消费需求按消费需求的对象不同，可分为物质消费需求和精神消费需求。

物质消费需求是指人们对物质生活用品的需要。

精神消费需求是指满足人的心理和精神活动的需要，如人的自尊、发挥自己的潜能、精神上的娱乐等需要。从马斯洛需要层次理论的观点看，与物质的需求相比，精神上的需求是更高层次的需求。

4.按消费需求的实现程度分类

消费需求按消费需求的实现程度不同，可分为现实消费需求和潜在消费需求。

现实消费需求是指目前具有明确消费意识和足够支付能力的需求。现实消费需求又可分为已实现的消费需求和未实现的消费需求两种。已实现的现实消费需求是指由于购买到商品而得到实际满足的那部分需求；未满足的现实消费需求是指由于市场上缺少购买者所需要的消费特性的商品，而未得到满足的那部分实际存在并且具有支付能力的需求，它直接表现为市场上的"消费热点"。如果某一个时期内某种商品出现短缺，那么，市场上就会出现相当数量的未满足的消费需求。

潜在消费需求是指未来即将出现的消费需求。主要有以下形式：一是支付能力不足型的潜在需求。这是指市场上某种商品已现实存在，消费者有购买欲望，但目前缺乏足够支付能力而不能实现，使得购买行为处于潜在状态。这种类型的商品多是高档耐用消费品，如住宅、汽车等。二是支付能力允许，但由于目前消费者的消费意识不太明确而未形成的那部分消费需求。例如，某些家庭数码产品、高档保健品、化妆品、药品等，消费者对此不甚了解，再加上受传统消费意识的影响，往往会出现销售上的暂时困难，但是随着人们的消费观念的发展，这部分潜在需求很快会转化为现实的消费需求。三是适销商品短缺型的潜在需求。这是指由于市场上现有商品并不符合消费者需要，消费者处于待购状态，一旦有了适销商品，那么购买行为就会随之发生。四是对市场同类商品持观望态度的潜在需求。市场上的同一产品，多家企业都在生产，而且没有一个最权威的品牌。在这种消费者选择性强的情况下，消费者往往持观望态度，从而使得对该产品的消费处于潜在状态。

二、消费需求在社会需求体系中的地位

在社会经济和社会生活发展过程中，各种需求相互联系，构成一个完整的体系。马克思说："每一个商品生产者都必须生产使用价值，即满足一种

特殊的社会需求，而这种需求的范围在量上是不同的，一种内在联系把各种不同的需求量连接成一个自然的体系。"① 而且社会分工的细致化和经济生活的信息化，使社会需求的体系不断扩大和日益丰富。消费需求作为社会需求体系的重要组成部分，既离不开其他需求构成的客观条件，同时也和其他需求一起推动着社会分工和合作的发展。

（一）消费需求是人类最基本、最初始的需求

消费活动是人类历史永恒的经济行为，任何人要生存，要发展，就必须进行消费，必须有消费资料，那么必然产生消费需求。消费需求也是人类社会发展的首要前提。恩格斯把消费需求、消费资料的生产和交换称之为"社会历史的决定性基础的经济关系"。显而易见，没有消费需求的满足，人类就不能生存，社会就失去了物质基础；没有消费需求的发展，社会进步就无从谈起。

（二）消费需求是社会经济活动的出发点

从社会再生产的内在联系来看，如果没有消费资料的生产，就不会引起对生产资料的需求，那么，也就没有生产资料的发展。正如列宁所说："生产消费归根结底总是同个人消费联系着，总是以个人消费为转移的。"② 市场经济是消费者主权经济，消费需求的多样化为各经济主体提供了更为广阔的竞争空间。消费需求的变化趋势引导着企业产品的开发和创新，如何使产品符合人们的需求已成为企业营销的关键所在。

（三）消费需求直接体现社会生产的目的

马克思在《政治经济学原理》一书中摘录了穆勒关于消费和消费需求的观点："生产、分配、交换只是手段，谁也不为生产而生产。所有这一切都是中间的、中介的活动，目的是消费。""非生产性消费不是手段，而是目的，是通过消费得到的享受，是消费前的一切活动的动机。"在社会主义市场经济体制下，消费需求充分体现社会主义生产目的，即满足人们日益增长的物质文化需求。改革开放以来，人民收入水平日益提高，商品生产日益丰

① 马克思.资本论[M].第1卷.北京：人民出版社，1972：394.
② 列宁.列宁选集[M].第4卷.北京：人民出版社，1958：44.

富，第三产业迅速发展，使消费需求得到不断满足，消费层次不断提高。

由此可见，消费需求是一切消费活动的起点、出发点，也是一切经济活动的出发点和归宿。消费需求决定生产需求，从而决定这个社会的经济发展，我们研究消费需求的意义也正是在于此。

（四）消费需求与国家经济的良性循环

国家经济的良性循环表现在生产、分配、交换、消费紧密衔接，平衡协调，生产不断增长，消费水平不断提高。而消费是国民经济循环的先导性因素，是使国民经济不断循环的原动力，是形成国民经济良性发展的关键所在。消费需求的导向规律揭示出：消费需求是一切经济活动的出发点，消费需求的总量影响生产总量；消费需求的结构影响生产结构；消费需求及其满足程度不断提高，是国民经济运行的最终目的。

第三节　消费需求与经济发展的关系

一、社会消费需求对社会生产力的影响

消费需求通常被看作评价一国经济态势的重要依据之一。消费需求是最终需求，消费需求的水平及其满足程度，代表了该国居民所达到的生活水平和生活质量。

消费需求一方面具有引导作用。它的增长可引导对生产消费品的各种生产要素的需求，从而进一步引导对生产和形成这些生产要素的需求；另一方面，它又具有阻滞作用。消费需求不足或增长缓慢，会导致消费品供给过剩，从而在没有新的投资需求刺激的情况下，它将进一步造成各种产品和生产要素供给过剩，导致社会已经形成的生产力过剩。在短期内，消费需求的突然膨胀或急速萎缩，其直接后果是消费品价格上涨或消费品市场萧条。消费需求的状况不仅直接影响消费品市场及价格，而且还会影响其他要素的市场及价格。

二、社会消费需求与经济发展的关系

消费的需要是人类从事生产和各种经济活动的动力，满足消费需要是人

类各种生产活动的根本目的。消费需要、消费欲望可以是无止境的，而消费需求受货币支付能力的限制，在一定时期内总是有限的。消费需求在国民经济中的地位，最终通过商品货币关系的形式显现出来。在商品经济中，消费对生产的诱导作用或阻滞作用，是通过消费需求对最终产品的认可或不认可来表现的，也就是通过一系列经济活动创造的价值能否最终实现表现出来的。消费需求作为有支付能力的需求，是现实的需求；消费需求对国民经济的影响，也是消费的实际影响。

消费需求包括公共消费需求和个人消费需求。公共消费需求和个人消费需求一样，都是最终需求。公共消费需求的满足过程即对公共物品的消费过程，对于全体社会成员来说，可以认为是无差别的。公共消费需求的基础是人们作为社会成员参与社会生活的需要。公共消费需求取决于经济发展水平以及国家支配国民收入的能力大小。

个人消费需求取决于个人的收入水平。每个消费者的消费需求，只能是具有货币支付能力的现实需求。因此，个人收入水平对于个人消费需求具有决定性的因素。个人收入总水平是随着生产力的发展变化而变动的，随着社会财富的增长，个人收入总水平总的来说呈增长趋势。而国民经济的发展水平决定着个人收入总量，从而决定个人消费需求总量的界限。

个人消费需求的取向或结构，是多种复杂因素共同作用的结果，但生产力的发展处于决定性的地位。生产力发展水平提供消费可能性。生产力发展水平越高，消费品生产就会越丰富，消费者可选择的范围越广，消费者的主动权越大，消费需求就越容易形成；如果消费品生产发展缓慢，就会导致供求不足，消费需求也失去了意义，购买什么、购买多少、什么时候购买，已不再是由消费需求表达的意向，而由供给者决定了。消费需求实质上就是一种市场关系。在充分发展的市场经济中，消费者通过使用或出让自己拥有的生产要素获得货币收入，以货币支出满足自己的消费需要。形成特定消费需求时，消费者根据自身的消费欲望和支付能力，在各种商品和服务的品种、质量、价格之间进行选择，并对自己的需求做出调整。这就可能形成多种样式、适应不同个人的多种消费结构。

个人消费需求还受消费者个人偏好的影响，但只有在收入水平足以满足基本生活需要另外还有剩余时，人们才可能在对非必需品以及必需品质量的需求上显示出差异，表现出个人的偏好，从而呈现出消费需求结构的差异。

三、消费需求转变与经济高质量发展

十九大报告指出："我国社会主要矛盾已经转化为人民日益增长的美好生活需要和不平衡不充分的发展之间的矛盾。"高质量发展是应对社会矛盾变化的起点和重要路径，是站在新的重要历史节点提出的全新发展战略，实现新时期国家现代化必须坚持高质量发展。

"人民日益增长的美好生活需要"表明居民消费结构在不断升级，由基本物质需求转向更高质量的需求。而"不平衡不充分的发展"则表明我国存在产业结构不合理、资源利用不充分等结构性问题。可见，随着居民收入水平的提高，消费需求结构已由改革开放之初的超额需求阶段转向饱和需求阶段，市场主要矛盾也由"供给侧有限的资源满足无限的需求"转向"供给侧无限的供给满足有限的需求"，这一转变使得传统生产方式无法适应消费者日益灵活且多样化的需求。如果继续将消费者置于生产过程的附属地位，不考虑消费者需求结构变化，忽视消费者消费能力、消费意愿对生产的反作用，将会导致生产与消费逐渐脱节，从而引发严重的产能过剩、投资回报率低下等后果。而有针对性地解决供求体系不对接、经济难以实现良性循环的矛盾和问题，正是经济高质量发展阶段面临的最为关键的问题。

高质量发展阶段主要依靠创新和提升市场效率促进经济增长，在事先识别消费需求端的方向后，需要企业家进一步通过产品或服务创新实施有效生产，以满足消费者对产品或服务质量的个性化及多样化的需求，从而提升供给体系对需求新变化的适应性。当前供给端和需求端矛盾产生的主要原因，就是在低质量发展阶段，政府充当资源配置的主导者，直接干预市场机制的有效运行，将资源大量配置到产能过剩的领域，导致产业内部生产效率低下。相反，资源在创新产业上的配置却严重不足。市场上充斥着大量低端产品，不仅难以满足消费者对中高端产品或服务的需求，而且导致了产能过剩、创新行业短板并存的低端产业格局。

当前中国已进入由工业主导向服务业主导转变的高质量发展阶段，市场在资源配置中起决定性作用。唯有充分发挥企业家创新精神，将提高供给体系质量作为主攻方向，以供给引领乃至创造需求，才能推动产业结构由低端向高端转变，从根本上解决供需双侧的结构性矛盾与问题，推动经济高质量发展。

第二章　消费经济的要素解读

第一节　消费结构

一、消费结构的含义及分类

（一）消费结构的含义

在一定的社会经济条件下，人们（包括各种不同类型的个体消费者和社会集团）在消费过程中所消费的各种不同类型的消费资料（包括物质资料和服务）的比例关系，就是消费结构。

消费结构有实物和价值两种表现形式。消费结构的实物形式是消费结构最基本和最原始的形式，指的是人们在消费中，消费的一系列消费资料和消费服务的实物名称以及它们各自的数量。研究实物消费结构既可以从吃、穿、住、用、行等满足基本需要的消费方面，也可以从满足享受需要和发展需要的消费方面等不同角度和不同层次进行分析。研究实物形式的消费结构有利于我们制定各种不同类型的消费资料生产计划和政策，为消费品的开发、生产和发展提供依据。消费结构的价值形式是以货币额表示人们在消费过程中消费的各种不同类型消费资料的比例关系，在现实生活中具体表现为各项生活支出。研究消费结构的价值形式可以计量不同类型消费资料和服务在消费总量中的支出比重，有利于组织消费品的生产和流通，实现国民经济的实物与价值的消费比例平衡。通常而言，实物形式的消费结构决定价值形式的消费结构，而价值形式的消费结构反映（或近似反映）实物形式的消费结构，而且可在一定程度上弥补实物消费结构中某些消费品不可比的缺陷。但是由于价格、分配方式的变化及商品化程度的差异，消费结构的实物形式和价值形式二者之间也存在一定程度的差异。

（二）消费结构的分类

消费结构是一个多层次、多视角的复杂概念，从不同的层次和视角，我们可以把消费结构划分为不同的类型，从而揭示不同的消费结构系统。

（1）按日常消费的实际支出形式，可以将消费结构划分为衣、食、住、用、行等几个方面。分别计算每种消费所占的比例，就可以得到某一时间、某一空间消费结构的现实状况。在这种划分中，经常用到的就是恩格尔系数。恩格尔系数指的是食物消费在所有消费中所占的比例，通过恩格尔系数的计算就可以在某种程度上反映人们的生活水平。这种划分直接明了，也便于计算，因此，能够生动地凸显消费结构的特征。

（2）按消费满足人的需要层次，可以将消费结构划分为生存资料、享受资料、发展资料消费几个方面。最早将消费结构进行如此划分的是恩格斯。这种划分实质上就是从人的发展的角度来看待消费结构，人最初只关注生存问题，逐渐关注物质的享受，到后来关注自身发展。生存资料、享受资料、发展资料消费之间的比例关系，可以反映在特定的时空下人们究竟更关注哪些方面的需要，这种消费结构的划分对研究人的现代性问题具有重要的价值。

（3）按消费品存在的形式划分，消费资料分为实物和劳务。实物消费是有形产品的消费，劳务消费一般是通过活动方式提供的消费服务。劳务消费，是人们生活消费的一个重要组成部分。人们基本生活需要的满足，享受、发展需要的满足都离不开劳务消费。随着社会经济的发展，劳务消费在人们生活消费中的作用越来越重要。

（4）从消费的空间来看，可以将消费结构划分为城镇居民的消费结构和农村居民的消费结构。由于空间位置不同，将城镇居民的消费结构和农村居民的消费结构进行比较，有利于研究城镇与农村之间的差距问题。中国的消费结构除了存在城镇与农村的差别外，还存在东、中、西部之间的区别。这种形式的消费结构的研究可以更好地体现空间社会发展的问题。

二、消费结构的影响因素

消费结构不是一个一成不变的概念，随着时空的变化，消费结构处于一种动态变化之中。影响消费结构的因素有很多，下面主要从微观层面与宏观层面展开分析。

（一）影响消费结构的微观层面因素

微观消费结构是从单个家庭或个人的角度考察消费结构的。其目的在于分析不同家庭的消费结构的差异。它是宏观消费结构分析的基础。

1. 家庭（或个人）收入及物价水平

收入是影响消费结构最重要的经济因素。没有钱的收入，也就没有所谓的钱的支出。在具有强烈的消费欲望，但没有相应的消费能力时，消费是无法发生的，也就无从谈起消费结构这一问题。收入的多少决定了消费的数量与质量，从而决定消费结构的特点。在一个高收入的群体中，享受性、发展性消费，服务性、精神性消费所占的比例就高；而在一个低收入的群体中，生存性消费、实物性消费的比例就占得大一些。收入的不同，其消费的商品化程度、多样性程度也会不同，从而也使消费结构呈现出不同的特点。

2. 家庭（或个人）目标及家庭类型

"家庭文明"论者（主要代表人物有希尔、温德尔·贝尔、小安德森等）认为，家庭文明是消费决策的重要依据，而家庭目标在家庭文明中占有重要地位。每个家庭的目标不同，其消费结构就会有差异。此外，在"以家庭为中心""以事业为中心""以消费为中心"三类家庭中，消费结构也不同。第一类家庭比较重视对孩子的教育支出；第二类家庭用于作为家庭地位象征的社交活动的支出所占的比重较大；第三类家庭重视与生活享受有关的商品和劳务的支出，比如各种奢侈性商品、外出旅游的支出等。

3. 家庭消费支出功能

用家庭消费支出功能来说明家庭消费结构的特征及变化。这种观点认为，家庭通常有三种功能，即繁殖功能、经济功能和社会功能。家庭的功能要通过它的消费支出来实现，相应地，家庭消费支出可以分为三类，第一类是必需的生活费用，包括最低限度的衣食等支出；第二类是继续维持家庭存在的家庭经营费用，包括教育子女、娱乐和休息等支出；第三类是有关家庭受别人重视、自我炫耀、社交等方面的支出。

4. 家庭生命周期所处的阶段与家庭规模

"家庭生命周期"理论认为，一个家庭从建立到消亡经过若干阶段，每一个阶段具有不同的家庭生活特征，从而具有不同的消费结构。其中，在家庭生命周期不同阶段的耐用消费品支出、医疗支出、教育支出、住宅支出以及旅游支出的变化，更能反映出消费结构的变化。随着工业化的发展，家庭规模越来越小。家庭的小型化对家庭消费结构变化有着重要影响。这种影响表现在耐用消费品购买和食品消费上，还表现在耐用消费品购买和劳务消费之间的替代关系上。

5. 家庭（或个人）的投资

在家庭支出中，有些支出既可以被看作"消费"，又可以被看作"投资"。比如，购买各种有价证券、保险、教育的支出和某些耐用消费品的支出，这些支出是家庭为了价值增值进行的投资。

（二）影响消费结构的宏观层面因素

宏观消费结构是从总体的角度对消费者的支出状况进行的考察。通过比较分析宏观消费结构的影响因素，我们可以得出不同国家的消费结构差异。

1. 消费水平

受经济水平制约的消费水平，是一国消费结构的最基本因素。从根本上说，消费结构是消费水平的反映，同时消费水平、消费结构又是一国经济发展水平和经济增长所处阶段的反映。消费水平对消费结构的影响表现在四个方面：①随着消费水平的提高，食品支出比重逐步下降；②随着消费水平的提高，耐用消费品支出比重有所上升；③随着消费水平的提高，住房、医疗、交通、通信支出有所上升；④随着消费水平的提高，劳务支出的比重有所提高。

2. 产业结构

这里需要说明的是，消费、消费需求创造了消费产业结构，产业结构又创造了消费产业结构，并创造出消费方式、消费水平，二者是对立统一的辩证关系。马克思关于生产与消费关系的理论指出，生产决定消费，而消费在一定程度上又影响着生产。从国际经验和产业结构演进的规律来看，因为生产的根本目的和出发点是消费，因此，没有消费，生产就是不存在的。生产使居民消费结构升级，可以促进消费需求的不断扩张。通过消费链上下关联度这一传导机制在产业间扩散，进而促进产业结构的调整和升级。消费、消费需求使消费牵动产业结构，调整产业结构，把消费结构和消费质量与水平生产出来。传统理论是生产决定消费和消费结构，而忽视了消费、消费需要是源头和原动力，消费主导一切这一根本。只知抓生产，导致生产过剩，从而引发了一次又一次的经济危机，破坏了经济的持续发展。

3. 市场环境因素

市场环境因素主要表现在：①福利制度对消费结构具有很大影响，收入大致相同的国家，凡是有政府补贴的消费支出项目，其支出比重相对较低。②价格体系的调整，会影响消费支出结构。③消费品市场状况对消费结构也有影响，主要表现在两方面：一是某些消费品的短缺会在一定时间内、一定程度上影响消费支出；二是某些新兴消费品的出现会在一定程度上刺激消费需求，从而使这类消费品的支出下降过程放慢。④金融市场状况对消费结构的影响，主要表现在消费储蓄结构上。

4. 经济制度因素

经济制度因素的影响主要表现在：①价格制度；②产权制度；③投融资制度；④劳动就业制度；⑤收入分配制度；⑥社会保障制度等方面。不同的经济制度形成不同的消费结构，而制度的变迁会带来消费结构的演变。

5. 科学技术

科学技术的发展与进步以及科技成果的推广和应用拓展并丰富了产品的内容和种类，提升了产品的质量，改善了产品的功能，创造出新的消费需要、消费方式，提高了消费水平，提升了产品设计的新颖性以及产品消费的健康安全性，带动了产业升级、产业结构的优化，从供求层面提供了新的消费增长点，从而更好地推动和满足居民日益增长的发展型、享受型消费需求结构的升级。在资源稀缺和环境破坏的现实情况下，随着科学技术的快速发展、可替代资源的开发与应用，资源使用效率的提升，能够有效地破解资源与环境困境；先进科学技术的推广使用还能促进整体生态环境质量的提升，进而改善人类生活、生产和消费的环境，为实现消费结构的合理化、可持续优化提供基础和条件。

6.社会因素

（1）凡勃伦效应

凡勃伦效应开始到鲍德里亚的《消费社会》，社会因素一直在影响着消费结构。他们都强调消费的等级性、消费的模仿性、消费的攀比性以及消费所能够反映的社会状况。时尚、从众，看似两个完全相反的概念，其实质就是异同之间的不断较量，人们在这个过程中不断地调整步伐。当某种时尚席卷而来时，人们开始转向此种时尚，消费结构随之发生变化；当越来越多的人转向此种时尚时，时尚就会蜕变成从众，此时消费又会转向另一方面，消费结构又一次发生变化。社会上的许多方面都会对消费结构产生影响。简单地来看，一个个体存在于社会这个大环境中，他的消费以及其他的许多方面都会受到影响。

（2）人口总量及人口结构

人口总量对消费结构具有重要影响。在居民收入一定、各种消费品总量一定的条件下，人口数量影响人均消费数量，从而影响消费结构。如果人口多，人均消费品数量就少，消费结构中的"瓶颈"商品就多，因而，必需品所占比重就大；反之，则奢侈品或精神消费品所占比重就大。人口结构也影响消费结构。人口的年龄结构、城乡结构、社会结构、职业结构、区域和性别结构等不同结构导致消费偏好的差异，从而使消费结构也存在较大差异。当人口结构发生变化时，消费结构也会发生变化。

（3）社会消费习惯

社会消费习惯形成一国传统文化特有的消费习俗、习惯以及观念。如中国人的传统习惯多属节俭型，日常开支计划性较强，在可能的条件下尽可能地多一些积蓄，以备将来子女、自身养老或未来其他事项开支。而美国人则习惯挣了钱就消费掉，很少积蓄。

三、消费结构合理化

（一）消费结构合理化的含义及标准

1.消费结构合理化的含义

消费结构合理化，就是消费结构由不合理状态逐步向合理状态调整或变化的过程。现实生活中的消费结构并不一定合理，由于消费结构的变化要受一系列社会、经济因素的影响，因此当这些因素变化时，消费结构也会发生变化。有意识地改变不合理的消费结构就是消费结构合理化。具体来说，合理的消费结构具有如下内容：

（1）消费结构应能体现充分地满足人们多层次的需求，保证人的智力、体力充分而自由的发展。它不仅能满足人的物质需要，而且能满足劳务、精神需要；不仅能满足生存资料的需要，而且也能较充分地满足享受资料和发展资料的需要，从而促进人的身心健康和全面发展。

（2）消费结构应能体现较充分地满足人们每天正常所需营养，并使营养均衡，促进人们健康水平的提高。

（3）消费结构应能体现较高的消费质量。其中，不仅消费品的质量较高，而且有较好的消费环境和消费条件，使消费结构与经济、社会和环境协调发展，人与自然和谐发展。

（4）消费结构应能体现利用经济资源的合理性，能从国家的资源实际状况出发，充分利用优势资源，节约短缺资源产品消费，使消费结构、产业结构与自然资源的结构相协调。

（5）消费结构必须体现社会物质文明、精神文明、政治文明建设的要求，有利于促进文明、健康和科学的生活方式的形成与发展。它不仅要求人们的物质需要能得到较好的满足，而且精神文化需要也能得到较充分的满足，反映社会主义生产关系和生活方式的本质需要，反映社会主义物质文明、精神文明和政治文明的协调发展。

2.合理消费结构的衡量标准

至于现实的消费结构是否合理，我们可以从生理标准、经济标准和社会标准等方面来衡量，这三个标准分别是：

（1）生理标准

消费结构合理的生理标准是指消费结构满足人们生理的基本需要的标准。它是在一定的历史时期内社会对消费者的生理需要确定的标准。只有达到了这一标准，才能保证劳动力按社会要求进行再生产。

（2）经济标准

合理消费结构的经济标准是指消费结构应与生产力水平、生产能力、资源承载能力和经济承受能力相适应。具体来说，它应该要与生产力发展水平下的生产能力相适应；要适应经济资源的特点，要体现经济实惠的原则。

从经济合理的角度来看，消费结构的合理化应该是：①必须有利于实现消费者均衡。这说明，在市场经济条件下，消费结构的合理化既要受消费者收入的制约，也要受商品价格水平的限制。消费者所选择的某一消费结构，只有满足消费者均衡的条件，在经济上才是合理的。②要与生产力发展水平和一定条件下的经济能力相适应。③要与一国或一个区域内的资源条件相适应，有利于发展优势资源产品的消费，限制短缺资源产品的消费。④要经济实惠，不存在攀比心理。

（3）社会标准

合理消费结构的社会标准是指消费结构符合社会价值与精神文明的标准。

（二）合理消费结构的监测指标体系

迄今为止，消费经济学还没有一个全面地反映消费结构合理化的指标体系，本书依据消费结构合理化的三个标准，结合一些学者的实证分析，构建出监测消费结构合理化的指标体系。

1. 设计消费结构合理化监测指标体系的基本原则

消费结构合理化监测指标指的是推进消费结构合理化进程中的进展情况指标，当消费结构运行出现偏离正常状态时，能迅速反映这种引起状态变化的微小的苗头，并对以后消费结构运行起到预告警示作用的指标。因而，制定合理的监测指标体系是建立监测预警系统的关键。

设计监测我国消费结构合理化的指标体系，必须遵循指标体系设计的一般原则，所选的指标不仅要有经济理论依据，同时还应充分反映我国消费结构运行机理的特殊性。应满足的基本要求有：

（1）全面性和精练性

消费结构合理化可从生理标准、经济标准、社会标准等方面进行监测。每个方面选取若干个关键指标用于反映其运行状况。精练性是在满足全面性要求的前提下，尽可能地减少指标体系中的指标数量，使每一个指标都发挥出最大的作用，不要把两个信息完全相同的指标同时囊括进来。

（2）可靠性

可靠性主要表现在两个方面，一是监测指标与合理的消费结构之间有明确的因果关系；二是统计检验的显著性。这两个方面缺一不可。若仅有因果关系，而统计检验不显著，那么就表明还有其他因素对该指标的变动有重要影响；若仅有统计检验的显著性，而找不出因果关系，那么就很难保证这种关系在将来的合理消费结构中仍然成立。一般来说，明确的因果关系可以作为确定备选指标的依据，而统计检验的显著性则是对备选指标进行筛选的依据。

（3）敏感性

敏感性即要求所设计的指标能准确地从指标细微变动中直接反映消费结构的发展变化，具有高度的灵敏性。

（4）相对稳定性

监测指标在社会发展各个阶段的取值应在一个较长时期内保持相对稳定。这一特性对于临界值的设计和监测指数的合成极为重要。若监测指标的正常值在不同阶段发生较大变化，那么，就只能不断地调整临界值。虽然这样做并不是不可以，但将导致系统的实用性显著下降，并且监测结果的客观性会严重降低。

（5）统计可行性

统计可行性是指监测指标的数据要通过可靠的途径及时获得，并且数据质量能满足合理消费结构监测所必需的精度要求。

2.监测消费结构合理化的指标体系

（1）生理子系统指标体系

从生理角度来监测消费结构是否合理，首先要监测该消费结构是否能满足基本的生理需求，即吃穿住用行，其中最重要的是吃和住。如果衣不蔽体，食不果腹，无遮风挡雨之处谈何合理，所以首先应考察的指标是恩格尔系数、人均肉蛋奶消费量、人均衣着消费支出比重及人均居住水平。其次，从出行、保健等角度可以考虑采用医疗保健支出占生活消费比重、交通通信占生活消费比重来衡量消费结构是否合理。

（2）经济子系统指标体系

监测指标应该能反映出消费者均衡，没有达到消费者均衡的消费结构就不是合理的消费结构。统计上可以采用居民消费的收入弹性、居民消费占GDP的份额、居民消费价格指数。监测指标还要体现出消费结构是否适应生产结构、分配结构与流通结构，是否有利于形成合理的国民经济结构。统计上可以采用三次产业结构比例指标、第三产业增加值占GDP比重、社会消费品零售总额。适应经济资源的特点，合理配置经济资源，充分考虑自然资源的承载能力，限制对短缺资源产品的消费，这才是合理的消费结构，从统计上可以提出资源有效利用率、环保投资占GDP比重、生活能源弹性系数等监测指标。另外，合理的消费结构还要体现经济实惠的原则，可以采用消费效率指标。

（3）社会子系统指标体系

公平与效率的达成可以促进合理消费结构的实现，在统计上可以提出基尼系数监测指标；以物质满足为基础，并体现出人的风貌和精神文明状态，从人类自身及社会的可持续发展角度考虑，可以采用服务消费支出/消费支出的比重、初中毕业生升学率、每万人中在校大学生数、社会保障覆盖率、居民个人卫生支出/卫生总费用指标来监测；从消费质量角度来考虑，从统计上可以提出自来水普及率、人均生活用电量指标。

根据监测指标体系设计的原则，最终确定的监测指标体系如表2-1所示。

表2-1　消费结构合理化监测指标体系

合理消费结构	生理系统	恩格尔系数	反映居民基本的生活需要
		人均肉蛋奶消费量	
		人均衣着消费支出比重	
		人均居住水平	
		*城镇人均使用面积	
		*农民人均钢砖木结构住房面积	
		医疗保健支出占生活消费比重	
		交通通信支出占生活消费比重	
	经济系统	消费者收入	反映消费者均衡
		*城镇人均可支配收入	
		*农村人均纯收入	
		居民消费价格指数	
		居民消费的收入弹性	
		居民消费占 GDP 的份额	
		第三产业增加值占 GDP 比重	要与生产力发展水平和一定条件下的经济能力相适应
		三次产业结构比例	
		社会消费品零售总额	
		环保投资占 GDP 比重	与一个国家或地区的资源条件相适应
		资源有效利用率	
		生活能源弹性系数	
		消费效率	体现经济实惠的原则
	社会系统	基尼系数	体现社会公平与效率的统一
		自来水普及率	反映消费质量
		人均生活用电量	
		服务消费（医疗保健＋交通通信＋文教娱乐）/消费支出	体现精神文明建设
		初中毕业生升学率	
		每万人中在校大学生数	

第二节 消费方式

一、消费方式的内涵和分类

（一）消费方式的内涵

消费方式是指消费需要的满足方式，或消费主体与消费客体结合的方式。消费的过程就是消费需要不断得到满足的过程。消费需要的满足方式，取决于消费主体（消费者）和消费客体（被消费的商品和服务）结合的方式。简单地说，就是消费者如何获取被消费的商品及服务以及如何消费。

消费方式有两层内涵：第一层是消费的自然形式，或者叫消费方法。这种意义上的消费方式基本上取决于消费对象的自然属性。主要包括：①消费者作为特定环境下的人需要一定的与其环境相适应的消费对象，并且能够通过改造自然创造出所需的消费对象；②在新的消费对象被创造出来的同时，使用消费对象的工具、手段和方法也会被创造出来，如方便食品、家用电器、现代交通、信息工具等。消费的自然形式反映的主要是人与物的关系，它与社会生产力状况和科学技术水平密切相关。第二层是指消费的社会形式，主要包括社会消费发展的状况，社会消费关系的性质及消费心理、消费习俗等。这种意义上的消费方式，主要取决于社会生产和科学文化发展水平以及民族特点和风俗习惯等。消费方式随着科学技术的进步不断变化，而消费的社会形式则相对稳定。只有消费方法的重大变化，才可能引起消费的社会形式发生改变，而消费的社会形式对其自然形式的变革也起着制约作用。

（二）消费方式的分类

从人类消费链的过程看，人类消费是由新陈代谢本能驱使向自然索取物质，再由人类认识创造新的需求和欲望，进而创造新产品（包括物质产品、精神文化产品）的全部消费过程的总和。这是在宏观消费链和微观消费链的活动过程中表现出来的。因此，消费方式分为宏观消费方式和微观消费方式。宏观消费方式是指人类社会进步过程中三大消费过程（生活消费、社会消费、科研生产消费）的方式，它标志着人类社会总的发展进程的消费水平和社会文明进步水平。人类在不同历史阶段的消费方式体现了时代的消费水平和社会文明程度。微观消费方式是指个人家庭生活消费方式和社会消费的具体消费方式的消费水平。个人家庭消费方式表现为家庭的消费水平，消费水平取决于个人家庭收入的消费能力和消费意识，如果只具有消费能力，而没有相适应的消费意识，就不会实现与收入相适应的消费水平。

从消费主体和客体相结合的方法、途径和形式来看，消费方式表现为消费的自然方式（又称技术方式）和消费的社会方式（又称为社会实现方式）。消费的自然方式是指消费者通过自然的、技术的方式与消费资料结合，满足其消费需要。简单地说，消费的自然方式就是通过什么样的工具与消费资料结合来满足消费需要。显然，这种消费方式是由消费资料本身自然的、技术的特性所决定的。各种消费资料是生产分工的产物，既反映生产的进步和人类文明的发展，又反映消费者消费需求满足方式的差异性。如代步工具是马车、自行车，还是汽车、飞机等，可以反映出经济发展水平的差异。消费的社会方式是指消费者同消费资料相结合所采取的一定的社会形式。也就是说，通过什么样的途径来满足消费需求，即消费的社会组织形式是个体消费，还是群体消费；是市场化消费，还是非市场化消费；是经济合理的消费，还是浪费性消费；是文明、健康、科学的消费，还是不文明、不健康、不科学的消费；等等。

二、消费方式与生产方式

根据马克思主义经典理论，消费方式与生产方式是密切联系的。生产方式决定并制约着消费方式，同时，消费方式又对生产方式具有反作用。

（一）生产方式对消费方式的决定

生产方式决定消费方式，分别表现在对生产关系和生产力消费方式的决定作用上。

先从生产关系方面来看。生产资料的所有制不同，人们在社会生产、分配、交换中的地位和作用不同，获取生活资料的方式不同，因而，消费方式也就不同。在封建社会和资本主义社会，剥削阶级的消费方式与农民阶级、工人阶级的消费方式形成鲜明的对照。可见，生产关系所决定的消费方式，具有明显的社会制度性和阶级性。

再从生产力方面来看。在生产关系一定的前提下，生产力是决定消费方式的直接因素。一方面，不同水平的生产力，生产出不同的生活资料，产生不同的消费方式。社会生产力越发展，不仅物质消费品越来越多，精神的、文化的消费品也越来越丰富。人类的消费方式不仅包括物质消费，而且还包括精神文化消费。精神文化消费是高层次的消费。随着现代生产力和科学技术的发展，人类进入知识经济的时代。知识创造价值，也创造出新的消费方式。知识与科学不断向生产领域渗透，也不断地向消费领域渗透，新的消费品和劳务层出不穷，使人民的消费方式发生了根本性的变革。高科技的消费品普遍进入家庭生活，不断地改变着家庭生活方式。另一方面，不同的生产力也决定了人们的消费力。消费力不同，消费方式也不同。消费力就是人为地满足自己的物质文化需要而消费的能力。马克思曾经把消费力看成是"消费的首要手段""一种个人才能的发展"和"一种生产力的发展"。消费者如果消费力水平低，那么就不会产生良好的消费方式。个人的消费力越高，消费方式也会越多样化和丰富多彩，层次就越高。

消费力包括物质消费力和精神消费力。精神消费力即消费者为了满足自己的精神文化需要而消费精神文化产品的能力。在科技飞速发展的知识经济时代，只有比较高的精神消费力，才能享受现代科学技术在消费领域所结出的丰硕成果，才能扩大消费领域，提高消费层次，才能提高消费的文明程度，促进人的全面发展。

（二）消费方式对生产方式的反作用

消费方式虽然受生产方式的决定与制约，但是消费方式对生产方式也具有反作用。消费方式的变化为生产方式的变革提供了巨大的推动力，这可以从生产力和生产关系方面来分析。

消费方式对生产力发展有显著的推动作用。随着消费方式的演变，人们越来越注重消费效益的提高，必然要追求更加丰富的物质、精神文化产品，要求在消费活动中节约时间、凸显个性，要求减少资源消耗、环境污染，这些都对生产力的发展起到了促进作用。因此，只有不断加快生产力的发展，才能适应人们消费方式变化的要求。

消费方式对生产关系的调整具有一定的作用。不同阶层之间消费方式的巨大区别，导致了阶层之间的对比和矛盾，特别是在阶级社会中，剥削阶级和被剥削阶级之间的对立与冲突更加突出。随着社会经济的不断发展，各阶层人民的消费方式越来越接近，阶层之间的对立情绪逐渐缓解。在资本主义社会中，资本家和劳动阶级的利益冲突的逐步调和是很明显的。

如果忽视消费方式对生产方式的反作用，甚至放弃对消费方式的管理与引导，就会影响消费质量，影响社会主义精神文明建设。因此，我们应该高度重视消费方式对生产方式的反作用，社会主义既要发展生产，也要发展消费，努力构建文明、健康的消费方式，促进两个文明建设的协调发展。

三、消费方式的影响因素

（一）自然条件的影响

自然条件对消费方式的影响主要表现在地理环境、自然环境、气候条件等方面。中国有句俗语"一方水土养一方人"，地理环境中的气候、温度等不仅影响农作物、产业和商业贸易的发展格局，还间接影响了当地人的消费方式。例如，东欧一些国家的人民往往喜爱吃黑麦制作的面包，而美国的印第安人则宁愿吃玉米做的食物；在中国，南方人一般爱吃米饭，北方人则爱吃面食。英国人喜欢喝茶，美国人喜欢喝咖啡等。这种差异使得人们即使在自然条件并不适合的地方，也愿意付出一定的代价来种植他们喜爱的食物。

（二）传统习惯的影响

消费方式受传统习惯的影响，主要反映在民族传统、风俗习惯和宗教信仰对人们衣食住行的影响方面。传统习惯的影响一般具有稳定性和连续性。即使人们的经济收入增加，在传统习惯的影响和约束下，消费方式也难以发生较大的变化。但是，也应看到，虽然部分消费者沿袭传统的消费方式，但消费对象的质量、规格和功能却较以前大大地提高和增加了。

（三）职业分工的影响

消费方式受职业分工的影响。职业分工的影响虽然表现得不像上述两个条件那样显著和典型，但也有其特点。人们知识水平的高低，决定着其选择消费方式的态度和行为。在有些消费对象上，不同职业分工的人可以有共同的爱好与追求，但不可能所有都相同。如对彩色电视机，现阶段工人和农民、军人和知识分子的爱好和追求基本是一致的。但在某些用以提高智力的商品方面，不同职业的消费者情况就不一样。而且，由于人们各自的思想修养和审美情趣不一样，消费方式和生活追求也天差地别。反映在文化消费方面，同样是阅读书报杂志，有的人爱好阅读欣赏古典名作，有的人认真攻读科技书刊。所以，在消费方式上还有一个精神文明建设的问题。

（四）消费观念的影响

消费观念是消费者主体在进行或准备进行消费活动时，对消费对象、消费行为方式、消费过程、消费趋势的总体认识评价与价值判断。由这种总体认识、评价而形成的选择，通过确定或改变消费行为而影响消费方式。比如，人们的消费观念是越来越倾向表现个性还是越来越倾向表现同一性；是越来越追求豪华、典雅，还是越来越追求实惠，就直接影响着人们的消费行为，从而影响和改变着人们的消费方式。现代生活与消费方式的巨大变化不断地带动和推动着人们消费观念的更新，使人们逐渐摒弃了自给自足、万事不求人、守钱不花等传统消费观念，代之以量入为出、节约时间，注重消费效益，注重从消费中获得更多的精神满足等新型消费观念。对人们的消费观念加以分析，可以概括为以下几种类型：

一是标新立异型。即对现有消费品总感到不满足，总想有所突破，如原材料、规格、款式、色彩、制作方法和工艺等，以便在消费活动中展示和表现自己的个性，使心理上、情绪上得到满足。执这种消费观念的人对改进消费品的意愿最为强烈。

二是追赶时尚型。这种观念不同于前一种消费观念，前一种观念的特质在于"创新"，而追赶时尚的特质在于"赶新"。即热衷于追求一切时尚的消费品。为了追赶时尚，总是不断地放弃自己原有的消费品。因此，执有这种消费观念的人对消费品的奢望极大。

三是求全求好型。即在进行任何购买或消费活动时，总要追求高档，追求功能完备、款式新颖、性能精良、操作方便、使用安全等。这是消费心理超高性在消费观念中的体现，即在收入水平能达到的情况下，总希望进行更高层次的消费。执有这种消费观念的人，常常带有一种优越感，在消费活动中对价格不是太计较。

四是知足常乐型。即在消费活动中总愿意同过去比，总感到比较满足。

因而对消费对象、消费内容的奢望不大，要求不断改进消费品的愿望也不强烈。抱有这种消费观念的人多是一些上了年纪、曾长期饱受消费不满足之苦的老年人。

五是俭朴求廉型。其极限状态是传统的节衣缩食型。只要消费品价格便宜、耐用甚至可用就行，其他指标均在其次，过去曾经有"新三年、旧三年，缝缝补补又三年"的说法。抱有这种消费观念的人现在越来越少。这种消费观念的存在往往是与消费群体中部分消费者的收入偏低相联系的。同时，它作为传统观念的典型，又与我们民族的传统文化和生活习俗有着千丝万缕的联系。

需要指出的是，由于社会成员年龄构成的变化以及人们收入状况的改善和社会生产的发展，总的来讲，执前三种消费观念的人日趋增多，而执后两种观念的人逐渐减少。许多青年人以参加工作为转移，消费观念在较短时间内会发生较大变化，如从俭朴求廉型变为求全求好型或标新立异型，不断要求以新的科学手段实现对物品或劳务的消费，从而推动消费方式的更新。

（五）意识形态等上层建筑的影响

人们的价值观、幸福观、审美观乃至一个社会的意识形态，都会对消费方式产生这样那样的影响。科学的价值观、幸福观、审美观能使消费者与消费资料直接进行科学的结合，有利于形成科学的消费方式；不科学的价值观、幸福观、消费观使消费者与消费资料之间的结合，不利于形成科学的消费方式。科学的价值观、幸福观、审美观，给人以奋发向上的精神力量，使人们的消费充满生机与活力。

国家通过各项方针、政策，有意识、有计划地对消费进行引导，这对消费方式的影响是很大的。比如，国家制定的收入分配政策、消费政策，就对消费方式产生直接的影响。消费基金分配中个人消费基金的比例越小，反映在消费方式中，社会消费、集体消费的比重越大，个人和家庭的消费比重越小。福利多，国家包得多，就会使福利性消费、非市场化消费比重越大，而国家直接包下来的，实行免费式优惠，如住房、医疗、教育和某些劳务消费等。这些消费政策、收入分配政策就直接影响消费方式，带动社会消费和个人消费方式的变化。

随着改革的深化，医疗体制、就业体制、教育体制、住房体制等项改革已全面展开，旧的消费政策、消费体制也在不断改变，消费方式必将发生重大变化。

四、构建文明、健康、科学的消费方式

（一）文明、健康、科学的消费方式的主要内容

文明、健康、科学的消费方式是指一种既有利于人的身心健康和全面自由发展，又能促进人与自身、人与自然、人与社会协调发展的消费方式。它涵盖文明消费、健康消费、适度消费、可持续消费、绿色消费等方面。

1. 文明消费

文明消费是指满足人们物质消费和精神文化消费的消费方式。人的需要是立体的，包括物质需要和精神文化需要。在消费活动中，消费的方式和内容常常以物质形态表现出来，因而，物质消费是消费的主要形式，是文明消费必不可少的内容。但文明的消费不能仅停留于物质消费层面，还应注重文化消费和精神消费，以提高文化素质，加强精神修养，促进人的全面自由发展。

2. 健康消费

所谓健康消费，是指满足人的生理和心理健康需求的一种消费方式。健康的身体和心理是人全面自由发展的前提条件。没有强健的体魄与物质消费的满足，人的发展就没有基础；没有精神生活的充实，人的生活就会单调乏味，导致人在消费活动中主体地位和理性精神的丧失。因此，我们提倡健康的消费方式，反对一切不健康的消费方式。

3. 适度消费

从微观的视角看，适度消费就是指消费水平与消费者个人的收入水平或预期收入水平相适应，不能超过实际支付能力。也就是说，在满足生活消费需要的范围内，不过度消费。从宏观的视角看，人类整体的消费水平必须与环境的供给能力相适应，消费的增长速度不能超过生态环境的承受能力。适度消费的精髓是消费能力与消费需求相平衡。适度消费有利于形成良好的社会道德风尚，从而推动经济社会发展。

4. 可持续消费

可持续消费概念源于联合国环境署在 1994 年于内罗毕发表的《可持续

消费的政策因素》，此报告提出，提供服务以及相关的产品以满足人类的基本需求，提高生活质量，同时使自然资源和有毒材料的使用量最少，服务或产品的生命周期中所产生的废物和污染物最少，从而不危及后代需求。因此，可持续消费方式要求在遵循经济规律、社会规律和自然规律的前提下进行消费。

5. 绿色消费

绿色消费是一种综合考虑环境影响、资源效率、消费者利益的现代消费方式。其目标是使产品在生产、消费与回收处理过程中，对环境与消费者的负面影响最小，以保护大自然和所有生命物种的共生共存。随着人们对环境保护的关注度日益增强，发达国家已竞相制定严格的环境标准，并积极推行标准化的绿色标志认证制度。

（二）文明、健康、科学的消费方式的作用

1. 有利于推动社会文明与进步

从社会文明的视角看，个人"艺术化生存"是社会文明进步的基础。人需要艺术化生存，也就是审美文化。席勒认为，理想的人（完整的人）是知情意完美结合的统一体。它们形成了三种文化状态：自然状态、道德状态、审美状态。① 因此，审美文化通常被认为是继人类工具文化与社会理性文化后出现的第三种文化形态，体现了文化积累的过程，是人类文化与文明的高级形态。消费是人类所特有的一种经济活动，马克思在谈到人与动物的区别时指出："人懂得怎样处处都把内在的尺度运用到对象上去，人也按照美的规律来建造。"② 因此，人们有了文明、健康、科学的消费理念，就能"按照美的规律来建造"各种消费资料和消费方式，以促进社会文明和社会全面进步。

2. 有利于促进人类身心健康发展

人类消费的发展活动过程是人类消费实践和创造消费活动的过程。随着社会经济的发展，人类在维持生存消费的基础上，不断发展提高消费需要意识，带动科研生产消费的发展，不断创造新的消费品，满足享受和发展的需要以及精神文化需要。

---

① 贾凯露.非物质文化遗产的艺术审美价值[J].名作欣赏，2021（02）：103-104.
② 官汉蒙.马克思主义艺术理论教程[M].武汉：湖北美术出版社，2007：56.

人类自身的一切消费行为都是由人类自身的消费意识决定的。面对日益丰富的消费需要，倡导文明、健康、科学的消费方式，提高消费的选择性，提高消费的科技含量和文化含量，优化消费结构，提高消费质量，从而促进人的身心健康发展。

3. 有利于促进经济社会持续发展

历史经验表明，经济的发展主要取决于市场的需要，而"一切需要的最终调节者是消费者的需要"[①]。消费创造了新的需求欲，人类通过科研和生产，不断创造出新的消费品，创造出新的消费方式和新的消费市场，达到新的消费水平。在消费发展的同时，消费牵动经济圆周螺旋发展，即"消费——市场——需要——科研生产——更高的消费"。因此，通过文明、健康、科学的消费方式，能促进消费与生产之间的良性循环，促进消费结构的优化，带动产业结构的升级，形成新的经济增长点，促进经济社会的可持续发展。

（三）构建文明、健康、科学的消费方式的策略

1. 树立文明、健康、科学的消费理念

文明、健康、科学的消费理念是这样一种消费意识与消费思想：在满足生活消费需要范围内，不过度地欲求，合理消费。

现代经济学把物质消费分为满足需要的消费和满足欲求的消费，这是两种完全不同的消费。"需要"是人们为了生活必须消费的东西，而"欲求"则是在需要之外，有追求心理上各种满足的享受型消费，还有如追求地位上的优越感、满足感、嫉妒、攀比、炫耀等形成的一种需求。需要是有限的、相对稳定的，而欲求则是无限的。因此，我们必须树立文明、健康、科学的消费理念。

2. 营造良好的消费环境

人们的消费总是在一定的客观环境中进行。消费环境是影响消费行为和消费方式的重要因素。消费环境主要包括自然环境、社会环境和人文环境。消费的自然环境是指客观存在的物质世界中的人类社会发展相互影响的自然因素的总和，主要指大气、水、土壤、生化矿物和阳光等。消费的社会环境是指消费者在消费过程中所面临的社会因素和社会条件，主要包括消费的基

---

① 祁巍，王智利，胡夕坤.浅谈经济社会和谐发展与消费方式的变革[J].商场现代化，2008（20）：144.

础设施环境、人均可支配收入、就业状况和社会保障水平等。消费的人文环境主要是指消费者的价值观、消费习惯、历史传统等。消费环境既能反映人们的消费水平、消费需求和消费质量的现实状况，又能衡量一个国家的国民经济运行是呈良性发展。良好的消费环境不但可以增强消费信心，扩大消费需求，提高消费质量，而且还有利于保护自然环境，实现人与自然的和谐发展。

3. 倡导节约型消费

节约型消费是尽可能少地消耗资源，保证全社会有较高福利水平的科学消费方式。第一，节约并不是吝啬，不是该花的钱不花，而是花尽可能少的钱获取最大的效益。第二，节约不是过苦日子，消费不是铺张浪费，要科学、适度的消费。消费既要量入为出、量力而行，又要以人为本、公平消费。消费不是浪费，节约型消费要避免浪费。消费是必需的，但要绿色消费、环保消费。人们在科学、合理、有效的消费后，必定将目光转向富余的资源，投向更高级的消费种类，从而满足人们不断提高的生活需求。

4. 引导文明、健康、科学的消费

引导文明、健康、科学的消费，重点在于培养先进的精神文化消费。文化是发展的摇篮，用先进文化来引导消费活动，可以丰富文化内涵，使人们的精神文化生活更加充实，从而提高人们的精神生活水平，促进人的身心健康和全面发展，促进物质文化、精神文化、生态文化的协调，促进人与自然之间、人与人之间的和谐发展。

第三节　消费市场

一、消费市场的概念与作用

（一）消费市场的概念

从狭义来看，消费市场是进行消费品买卖的场所；从广义来看，它不仅是消费品买卖场所，而且是与消费品买卖有关的交换关系的总和。这里所说的消费品，不仅包括有形的消费品，而且包括与人们生活直接相关的服务和精神产品等。狭义的消费市场仅仅指消费品买卖的场所，如消费品批发市场、贸易中心、展销市场等有形市场，以及商场、连锁店、小卖部及服务部等经营网点；广义的消费市场除以上几种外，还包括商品货币交换活动的属性，如有关消费品买卖的交易方式、交易手段和交易价格等内容。消费市场中的交换关系是由消费品市场运行中的交换主体，即经营消费品的厂商和消费者形成的。在市场经济条件下，主体必须进入市场，通过一定的方式和手段进行交易，其交换行为的背后隐藏着人们之间复杂的社会经济关系。因此，消费市场也体现了人们在交换过程中所发生的各种经济行为和经济关系的总和。

（二）消费市场的作用

在商品经济社会，市场经济越发达，人们的消费就越依赖市场，消费市场的作用就越大。在现阶段，消费市场的作用具体表现在以下三个方面：

1. 消费市场能够满足消费需求

市场是联系生产和消费的桥梁，在市场经济条件下，人们的消费主要通过市场来实现。在城镇，居民的消费品几乎都是从市场获得；在农村，农民消费品中的日用品、耐用消费品及一部分农产品也主要从市场获取。因此，消费市场是满足人民物质、文化消费的主要来源。在市场经济发展过程中，农民消费品中的商品性比重越来越大，自给性比重越来越小。在当今，无论在城镇还是在农村，人们的消费需求越来越多样化，因而，人们消费需求的满足更要通过消费市场来实现。

2. 消费市场能够引导生产

生产者生产商品，必须通过市场出卖产品实现其价值，再生产才能继续进行，在这个过程中，市场起着重要作用。市场不仅帮助生产者出售其商品，而且能够指导商品生产。因为市场对消费者需要的商品反映极为灵敏，市场集中消费信息，并将消费信息反馈给生产者，生产者据此调整生产，使产品适销对路。消费市场对生产的引导作用不仅表现在对"生产什么"的引导上，而且表现在对"生产多少"的引导上。消费者对消费品的消费是有数量限制的，市场上对产品的供应数量必须要适度才不至于积压，因而企业必须根据市场对商品的需求数量来组织生产。

我国曾在一段较长的时间里，企业是按指令性计划生产，产品由国家统购统销，企业不必关心消费者的需求和市场的变化，企业生产什么，市场就供应什么，消费者就消费什么。这种产销脱节的现象在商品短缺、市场是卖方市场的条件下有其存在的合理性。但是，随着经济体制的转变，传统的供给导向型经济转变为需求导向型经济。加之商品的丰富多彩及买方市场的出现，那种"企业生产什么，市场就供应什么，消费者就消费什么"的格局已由"消费者需要什么，市场就供应什么，企业就生产什么"的格局所取代。从而，消费市场对生产的引导作用更加显著。随着消费需求层次的提高与消费结构的升级，消费市场对生产的引导作用将向更广和更深层面发展。

3.消费市场能够指导消费

消费市场可以通过价格、信息、展销、市场管理和各种宣传活动，鼓励或限制某些消费品的消费，并借此将人们的消费活动引向所需要的方向，帮助人们建立合理、健康的生活方式和正确的审美观，提高人们的消费水平。同时，通过市场可以对消费者进行教育和示范，向消费者传授生活消费知识、技术及其他有关知识理论，目的是提高消费的效能，掌握必要的维护自身权益的知识，使消费不断合理化。

二、消费市场的特征

消费市场与生产市场相比，具有自己的特点，具体表现为以下几个方面：

（一）广泛性

世界上任何一个个人、家庭以及单位组织都要消费。个人和家庭是消费市场的基本购买单位。消费需求是人们生存和发展的基本需要。消费的对象包罗万象，既有标准产品，也有非标准产品；既有有形产品，也有无形产品；既有价值低的产品，也有价值高的产品。

（二）多样性

由于消费者存在着生理、心理、经济、文化、民族、风俗习惯等方面的差异，因此，消费需求也是千差万别的。即使是同一种商品，不同的消费者对其规格、品种、质量等方面的需求也不同。单位和社会群体在消费时，也会受到不同的生产特征的制约及国家政策和法规的影响。

（三）层次性

由于消费者的收入水平不同，消费者的需求会表现出一定的层次性。一般来说，消费者总是先满足最基本的生存需要和安全需要，购买衣、食、住、行等生活必需品，而后才会根据自身经济情况，逐步满足较高层次的需要，购买享受型和发展型商品。

消费需求的形成和发展与社会生产力的水平高低密切相关。需求的变化随着社会生产力的提高和进步而改变，需求由低级到高级、由物质到精神、由简单到复杂不断地发展变化。消费的个性化也是消费需求发展的必然倾向，消费内容越丰富，消费需求的层次性变化就越大，消费需求的层次越高，消费选择性越强，就越能促进生活消费的个性化。需求是永无止境的，是无限发展的。

（四）选择性

人们的需求是多种多样的，已经形成的需求经验使消费者能够对需求的内容进行选择。消费者将根据自身的消费经验、文化修养、经济收入、生产和科研需要等情况，重新选择自己的消费需求。

（五）时代性

消费需求常受时代精神、风尚、环境等的影响。时代不同，消费需求和爱好也会不同。例如，随着我国人民文化生活水平的提高，对文化用品的需求日益增多，这就是消费需求的时代性。

（六）流行性

消费流行是指在一定时期和范围内，大部分消费者呈现出相似或相同行为表现这样一种消费现象。具体表现为多数消费者对某种商品或时尚同时产生兴趣，而使该商品或时尚在短时间内成为众多消费者狂热追求的对象。此时，这种商品即成为流行商品。消费流行涉及的范围十分广泛。从性质上看，有吃、穿、用商品的流行；从范围上看，有世界性、全国性、地区性和阶层性的消费流行；从速度上看，有一般流行、迅速流行和缓慢流行；从时间上看，有短期季节流行、中期流行和长期流行。

（七）连续性

消费需求的连续性也称为无限性。人们的需求永无止境，是因为三大消费的需求永远不会被完全满足，一旦旧的需求得到满足，新的需求就会产生，达到目标的消费者会为自己制定更高的目标。

随着生产力的发展和科学技术在消费品上的投射，新的消费品会不断出现。新产品的出现往往就是新消费的出现。另外，随着社会的不断发展，消费者的个人收入也会不断提高，人们对商品和服务的需求也会不断地变化。一般来说，人们的消费有必要消费和享受消费之分。随着时代的发展，享受消费就会变成必要消费。例如，在 20 世纪 80 年代初期，彩电属于一种享受消费，后来，就变成了必要消费。另外，过去人们未曾消费过的高档商品进入了大众消费的范畴；过去消费少的高档耐用品现在则大量消费；过去消费讲求价廉、实惠，现在消费则追求美观、舒适。所以，消费的变化是绝对的。

（八）动态性

由于消费者的需求复杂，供求矛盾频发，加之随着城乡交往、地区间往来的日益频繁，互联网的发展，国际交往的增多，人口的流动性越来越大，购买力的流动性也随之增强，从而使消费呈现出更大的流动性特点。

三、我国消费市场的发展趋势

《2020 年中国消费市场发展报告》（以下简称《报告》）指出，新消费成为引领国内大循环的重要动力，并助推市场主体实现数字化转型，催生新业态、新模式，提升产业链、供应链、价值链效益，培育数字经济新动能。与此同时，90 后、00 后新生代群体消费理念鲜明，对本土品牌的接受程度较高，对产品的需求呈现出个性化、多元化等特点，愿意为产品设计、商品特色支付溢价。其消费习惯更易与拼多多、天猫、美团等基于新技术的新型商业模式相适应，为我国消费发展带来了前所未有的新机遇。

（一）数字经济赋能产销衔接，线上消费黏性显著增强

我国数字经济总量和增速位居世界前列，2019 年数字经济占 GDP 比重

超过三分之一。随着数字经济与实体经济加速融合，信息技术在生产与流通等环节得以深入应用，数据成为重要的生产要素之一，为推动经济循环建设提供新动能。互联网、物联网、人工智能等技术应用加速传统制造和流通转型升级，批发与零售企业从传统的商品销售商向供应链服务商、全渠道服务商、综合服务商加速转型，以供应链逆向整合赋能上游生产商，基于云计算等信息技术的 C2B 或 C2M 反向定制模式得到发展。数字经济平台以数据和技术赋能生产企业，基于信息技术增强生产企业对市场需求的捕捉能力、快速响应能力和敏捷调整能力，助力提升产业链协同效率和流通效率。

与此同时，由于 2020 年疫情对消费领域造成较大冲击，居民非必需品、聚集性、流动性、接触式消费受到严重抑制，成为经济恢复的薄弱环节。各种新业态、新模式引领新型消费加快扩容，线上消费在保障居民日常生活需要、推动经济稳步回升等方面发挥了重要作用，部分线下消费转移至线上，线上消费黏性增加。数字文化娱乐服务受到追捧，视频、游戏等用户迅速增加，线上教育、办公等迅速兴起，网络授课、视频会议等成为居家生活新常态。同时，在疫情影响下，互联网在中老年人群中迅速普及，中老年人群的线上消费频率与深度均显著提升。当前，我国居民的线上消费习惯已普遍养成，线上购物成为居民日常生活的重要组成部分，线上渠道消费规模增长，消费黏性持续增强。

（二）在线消费引领消费增长，新生代成为消费主力军

2020 年，受疫情影响，线上渠道发展成为居民消费的主渠道，同时，数字经济的加速发展持续助推线上消费提质升级，线上消费领域不断由商品向医疗、教育、文化、娱乐等服务领域拓展，线上医疗、教育、文娱消费呈现爆发式增长。线上文娱消费方面，在"宅经济"带动下，短视频、泛娱乐直播、网络游戏、在线音乐、网络动漫、网络文学等内容消费大幅走高，电影、线下综艺及演出等线下文娱活动依托视频连线、云录制、云直播加速向线上转型，推动在线文娱消费快速增长。据艾瑞咨询数据，2020 年第一季度在线文娱市场规模超 1400 亿元，增长率达到 27.7%；2020 年全年在线文娱市场规模超 5000 亿元，较 2019 年增长 30% 以上。

值得注意的是，2020 年，伴随 90 后开始成为社会中坚力量，00 后逐步走向职场，新生代消费群体购买力日益增强，开始成长为消费市场主力。当

前我国 90 后、00 后人口规模达 3.4 亿人，在总人口中占比近四分之一，已成为消费市场的中坚力量。从细分消费市场来看，相关数据显示，90 后在旅游消费群体中占比近 50%；中国餐饮消费者中，90 后及 95 后占比 51.4%，远超该群体在总人口中的占比。值得一提的是，90 后、00 后热爱线上消费，并在移动互联网空间中占据着极大的网络话语权与流量高地，而 95 后、00 后网络用户数量超 3.6 亿人，在全体网民中占比超过三成，且目前仍保持高速增长态势，新增用户中 95 后占比近一半。

（三）国内大循环重要性凸显，新业态新模式层出不穷

在双循环新发展格局理论指导下，我国将立足国内循环，深挖内需潜力，以促进形成强大的国内市场为导向，增强消费对经济增长的基础性作用，发挥投资对经济增长的关键作用，着力打通生产、分配、流通、消费各个环节，畅通国内大循环。十九届五中全会提出坚持扩大内需这个战略基点，加快培育完整内需体系，以创新驱动、高质量供给引领和创造新需求。与 1998 年、2008 年不同，当前我国"扩大内需"重点将从投资领域转向消费领域，立足超大规模市场优势，围绕消费这一最终需求，统筹推进消费、投资、贸易等政策举措。在坚持扩大内需、以国内大循环为主体的新发展格局下，消费特别是居民消费仍将成为我国经济增长的主要驱动力。

2020 年 7 月，国家发改委等 13 部门发布《关于支持新业态新模式健康发展激活消费市场带动扩大就业的意见》，从优化业态治理方式、加强数字化转型协同、完善就业服务制度、改革生产资料管理制度等四个方面，消除新业态、新模式发展面临的制约因素，为数字经济营造良好的发展环境。2020 年 9 月，国务院办公厅印发的《国务院办公厅关于以新业态新模式引领新型消费加快发展的意见》指出，要以新业态、新模式为引领，加快推动新型消费扩容提质。在国家政策推动和 5G、云计算、人工智能等网络信息技术加速应用背景下，新业态、新模式的健康发展将进一步激发数字经济的活力和韧性，更多的领域将成为数字新技术的"试验场"、新模式的"练兵场"、新业态的"培育场"。

（四）国货品牌成为消费时尚，个性定制消费加速普及

随着我国制造业在国际分工格局中地位的提升和文化自信的增强，中国

制造的技术、产品和服务已日趋成熟，部分国货品牌受到消费者青睐。同时，在以国内大循环为主、国内国际双循环相互促进的新发展格局之下，我国企业将继续加快出口转内销步伐，国货消费将更加受到消费者重视，国产品牌地位也将进一步提升，成为消费时尚。在此趋势下，我国生产企业借助电商平台等渠道，加快自主品牌建设，优化国产品牌商品供给，满足国内消费者需求。未来，国潮品牌、国产商品将在市场上大量涌现，更受国内消费者认可和青睐。

另外，在数字经济迅速发展、年轻人独立意识日益强烈的趋势下，消费者的个性需求将进一步被挖掘，多元化、个性定制化消费将持续成为消费热点。我国90后、00后等年轻消费者愿意分享自己的数据，企业以此为依据提供更具个性化、针对性的产品和服务，定制化订单数量显著增加。2021年，在我国企业推动数字制造、柔性生产等发展趋势下，个性定制消费将加速普及。

第四节　消费环境

一、消费环境的内涵

（一）消费环境的含义

环境是相对于一定中心事物而言的，与某一中心事物相关的周围事物的集合就称为这一中心事物的环境。环境是中心事物的外部条件。中心事物是环境的主体，与中心事物相关的物质或非物质的事物是环境的客体。主体的不同，形成环境研究对象之间的根本差异；客体的不同，则是各子环境之间的差别。

消费活动寓于一定的环境中。在消费经济学中，以人作为研究主体，消费主体是消费者，消费客体是消费品和服务，其环境就是人在消费过程中周围相关事物的集合。

以人为主体的消费活动中，所有主客体以外的，对消费者有一定影响的、外在的、客观的制约因素都是消费环境。归纳起来，消费环境是一种人类特有的生态环境，因为它是涵盖自然环境、人工物质环境、经济社会文化环境，涉及经济、政治、文化的综合概念。消费环境是人类消费活动赖以进行的若干环境和各种条件的总和，不仅包括直接或间接影响人类生存与发展的各种自然因素，而且包括人类所创造的各种物质文化要素及各项设施等，本质上由自然禀赋、经济发展阶段、社会因素决定，可以分为取决于生产力发展水平和消费品可得性的基础环境与影响消费需求数量、时间、空间的因素和环节的成长环境。

（二）消费环境与消费质量、消费水平、消费结构的关系

消费环境是衡量消费质量的重要指标。从静态的角度来看，消费环境质量是消费质量的重要内容，消费质量是消费过程中消费主体（消费者）、消费客体（消费品）和消费环境相结合的质的规定，包括消费者的素质、消费品的质量、消费环境的质量和消费三要素的结合质量。可见，消费环境质量直接体现为消费质量的高低。从动态的角度来看，优化消费环境就是提高消费环境的质量。消费环境的不断改善，有利于促进消费者消费能力提升，挖掘更大的消费潜力，从而提高消费品的满足程度。如在我国农村的洗衣机消费上，自来水供水设施的不足严重制约了农民对全自动洗衣机的消费需求。如能改善农村自来水的供应状况，全自动洗衣机的使用率将会显著增加，农民的生活消费质量也会得到提升。

消费环境是制约消费水平高低的重要因素。狭义的消费水平是指按人口平均的消费品（包括劳务）的数量，反映人们物质、精神文化、信息需要满足的程度。广义的消费水平不仅包括消费品的数量，而且包括整个消费活动的质量。无论是从狭义的消费水平还是广义的消费水平来看，消费环境都是消费水平提高的动力来源之一。消费环境越良好，消费者的消费潜力就越能被激发出来，消费积极性和消费购买力越强，消费品数量自然就越多，消费水平相应提高。如消费品价格波动状况是消费市场环境的一个重要方面，物价水平较低时，消费者购买消费品的数量将明显增多；消费市场物价较稳定时，消费者预期稳定，消费积极性增强，消费数量必然增加。

消费环境是消费结构优化升级的重要基础条件。消费结构是指消费者在消费过程中消费的不同类型的消费品（包括劳务）的比例关系。消费结构的优化升级体现消费者需要满足层次的不断提升，即由基本生存需要满足向享受型、发展型需要满足的不断转变。尽管消费环境不是消费结构优化升级的决定性条件，但它是消费结构优化升级的重要基础。在良好的消费环境下，消费结构优化升级更为快速顺畅；不好的消费环境则可能成为消费结构优化升级的掣肘。如果要提高居民消费结构中精神文化消费的比重，缺乏和谐健康的精神文化消费环境，消费结构优化升级就可能会走向反面。

二、消费环境的层次划分

（一）按照消费需求划分的消费环境

消费经济的研究对象是生活消费。生活消费的主体是人，把人的消费需要分为生存资料的需要、发展资料的需要和享受资料的需要三个层次，是对人的所有消费活动的概括。生存资料维持劳动力简单再生产，是最低级的消费层次；发展资料用于提高人的劳动技能和获取个人进一步发展的机会，是消费需求的节点；享受资料是用于提高生活质量的消费资料，也是消费的最高层次。根据满足消费需要的顺序对消费所需要的环境进行分类，消费环境也应存在三个层次，即生存性消费需要的环境、发展性消费需要的环境与享受性消费需要的环境。

1. 生存性消费需要的环境

生存性消费需要的环境是指满足单个消费者生命延续而消费的环境，它所承载的主要是消费者维持正常生存的各种基本生活条件，这是任何社会最基本的消费环境，也是维护人类基本生存权的主要载体。由于生存性消费内容和生存性消费资料在不同的阶段有所不同，因此，相应的消费环境也会随之改变。

2. 发展性消费需要的环境

发展性消费需要的环境是指满足人的发展进行消费所需要的环境。它具有满足消费者体能、智能发展需求的特点，为人们拓展自我所进行的消费提供相适应的环境。对于一个社会，这样一种消费环境，可能会造成相对的紊乱、动态和不完善；但对于个人，这种消费环境却是充满活力、朝气蓬勃的。随着社会生产力水平和消费水平的提高，人们对发展性消费所需要的环境要求随之不断提升。

3. 享受性消费需要的环境

享受性消费需要的环境是指在生存性、发展性消费所需要的环境以外的各种满足人的物质享受和精神享受的消费活动环境。尤其是在物质消费给予人们的欲望得以满足的情况下，精神享受则会变得异常重要。因此，各种自然景观、人工物质景观、文化艺术氛围对于人们的享受来说，也都是不可或缺的条件。自然生态环境、人工物质环境和经济社会文化环境的和谐构成享受性消费环境的最高境界。

以人的需求而划分的消费环境并不是一成不变的，因为消费的不同层次内容可以同时存在于一个主体中，而且随着背景的变化，消费活动的主旨也会发生变化。生存、享受、发展在不同的时期具有不同的意义，消费环境对不同的人也会产生不同的影响。对于单个个体而言，从人的生命开始到终结，生存、发展、享受并不是呈序列式的渐进，消费环境仅是社会对其影响的一个缩影，具有众多的不确定性。

（二）按照系统划分的消费环境

1. 综观消费环境

通常指国际的消费环境。综观消费环境是指由社会的政治、经济、文化、自然环境和人工物质环境共同构筑的一个宏大范围的消费环境。综观消费环境、宏观消费环境、中观消费环境、微观消费环境相互联系，共同构成人类系统的消费环境。

2. 宏观消费环境

一般指国家（地区）消费环境。宏观消费环境即居民消费的大环境，是指从宏观经济学的角度分析影响国民消费的各种宏观因素，如居民总体收入水平的上升状况、国民收入的分配状况、居民消费支出的分配状况（如住房支出、教育支出、医疗支出在消费中所占的比例）与国家社会保障水平等。宏观消费环境是由一个社会的消费价值观和众多消费者的价值观以及消费理念、消费意识、消费风尚等构成的大范围的消费环境。它受到综观层面的消费环境的影响和制约，同时，它也能为和谐的综观消费环境的形成提供保障。

3. 中观消费环境

行业地区的消费环境。中观消费环境是一个由社会消费活动过程中各种关系的有效处理构成的范围较大的消费环境。这种消费环境的主要内容包括一个行业或地区在商品生产、服务提供、市场营销等方面的管理制度，它是由与生产、销售、消费相关的各种法规、政策、标准及其执行情况构成的消费环境。

4.微观消费环境

微观消费环境是对消费个体的研究，如个人、组织等。微观消费环境主要是指居民实现消费的过程中所受到的种种外界环境因素的影响，包括硬环境与软环境两部分。硬环境是指人们实现消费时场所的环境状况。例如，购物、餐饮、娱乐场所的分布使人们的消费是否便利、是否舒适、是否具有特点，从而使消费者愿意来此场所消费；而软环境则是指直接影响消费者消费意愿的其他非物质因素，主要包括影响消费者消费心理的各种环境因素，如产品的安全性、产品和服务的质量、生产与销售企业的诚信状况、政府的促进或者抑制消费的各种政策、保护消费者权益的法律环境等。

在四种消费环境中，通常意义上的研究主要是宏观经济环境和微观经济环境，而具体意义上的研究更着重于微观消费环境的研究。通俗地说，宏观消费环境主要决定居民有没有可能消费，而微观消费环境则决定着居民的消费意愿能否在现实和消费过程中顺利完成。

（三）按照消费者户籍划分的消费环境

1.城市居民消费环境

城市居民消费环境是指城市基础设施条件构成的消费因素。由于二元结构造成的城乡差距，城市占用的公共资源比农村要多，因此，拥有比农村优越的消费环境。城市集聚了交通、卫生医疗、教育等基础设施，为城市居民提供了比农村居民更多的消费便利。同时，城市居民消费受制于人工物质环境和社会经济文化环境程度要高于农村。

2.农村居民消费环境

农村居民消费环境主要指农村的基础设施状况，包括农村的交通、卫生医疗、通信、教育等公共服务设施的建设状况。我国农村社会事业和公共服务整体水平较低，区域发展和城乡居民收入差距较大。农村消费环境与城市消费环境的差距随着工业化的进程在逐渐发生改变，农村户籍人口数量在不断地减少，农村户籍也在随着城市化进程逐渐消亡。从形式上说，这些地区的农村居民身份已经不存在了。但实际上，农村原有的消费环境并没有根本改变。而且，随着工业向农村的转移，造成自然生态环境的恶化。

三、消费环境的优化

（一）消费环境的优化意义

1.扩大有效需求的主推动力

在不考虑出口的情况下，有效需求由两大部分即消费和投资构成。市场经济是需求导向型经济，这里的需求严格意义上讲是有效需求，而有效需求中最重要的是消费需求，因为它是最终需求。投资需求最终需要转化为消费需求，才能真正成为有效需求。经济学家马歇尔认为，一切需要的最终调节者是消费者的需要。① 在社会主义市场经济发展中，扩大与刺激消费需求一直是经济政策制定与执行的主旨。在消费者与消费品要素不变的情况下，优化消费环境将成为刺激与扩大有效需求的主推动力。如我国近几年信息网络消费发展迅猛，一个重要的原因就在于信息网络消费的基础设施条件的大大改善。

在我国经济转型过程中，一个比较核心的变化就是由过去的投资驱动向消费驱动转变。过去，经济增长过多地依赖投资增长，而投资增长波动性比较大，因此，经济增长波动性也随之增大；消费的波动性相对来说比较平稳，那么，经济增长就会更加平稳。当前，消费驱动力的不断增强使整个经济增长更加平稳，更加具备支撑的力量。这一方面反映了近几年我国不断优化消费环境，挖掘消费潜力的努力成效显著；另一方面，也显示出优化消费环境的空间仍大有可为。

2.提高居民消费能力的重要路径

构成现实消费需求的两个重要因素是消费能力与消费意愿，没有消费能力，消费意愿则无法实现。从经济学角度看，消费能力是指消费者对所需消费品和劳务的货币支付能力，主要取决于收入水平。这里的收入水平包括绝对收入水平和相对收入水平，而优化消费环境可以直接提高居民的相对收入水平，也就可以提高居民的相对消费能力。如改善公共消费环境，提高公共服务水平，就能减少消费者的支出成本，相对提高了居民的消费能力，可将消费者的一些消费欲望转化为现实的消费需求，激发消费潜力。

---

① 钱路波.中国社会主义市场经济创新发展研究[D].南京航空航天大学，2018：66.

3. 提升居民消费信心的关键所在

消费信心反映着消费者对经济发展、收入增长的预期，决定着社会平均消费倾向与边际消费倾向。消费信心越高，消费者越乐于消费，消费倾向就越显著，消费需求就越大。当前严重影响消费信心的两个重要方面就是市场价格和产品质量，这也使得消费环境问题日益成为当前消费领域令人关注的社会问题。如果能切实解决消费环境中的价格和质量问题，那么将有利于消除消费障碍，改善心理预期，提升居民消费信心，促进消费品市场的持续活跃。

提升居民消费信心，可增强消费需求的可持续性，这是经济社会可持续发展的客观要求。优化消费环境可以提高居民消费倾向，增强消费需求的累积效应与乘数效应，提高消费需求的经济贡献率。优化消费环境可以稳定居民的消费支出预期，从而引导稳定的投资需求，促进国民经济的健康稳定运行。

4. 转变我国经济发展方式的重要基础

转方式、调结构是近些年我国经济发展的主旋律，尤其是当前，党和政府高瞻远瞩地提出要转变我国经济发展方式。这不仅包括经济增长方式的转变，即从粗放型增长方式向集约型增长方式的转变，而且包括产业结构、社会结构、环境保护等方面的转变。转变我国经济发展方式必须坚持扩大内需和稳定外需协调发展，更加自觉、更加主动地坚持扩大国内需求，特别是消费需求的方针，实现内需和外需有效互补，要把增加居民消费作为扩大内需的重点，通过保障和改善民生来促进经济结构优化升级。消费为生产创造动力，不同的消费力带来不同的消费需求，而不同的消费需求则产生不同的生产需求，从而创造出生产上的内在动机。可见，要扩大居民消费需求，增强消费对经济增长的带动作用，就必须提高居民消费力；而优化消费环境作为提高居民消费力的一个重要途径，对转变国民经济发展方式而言尤为重要。

（二）消费环境的优化策略

1. 完善消费者权益保护的法律法规

对已有的消费者权益保护相关的法律法规，例如，对《消费者权益保护法》《产品质量法》、三包规定等进行完善。对法律条款中的各种概念定义进一步界定清晰，如对职业打假人是否认定为消费者的问题；对法律条款的可操作性进一步提升，减少基层执法人员的自由裁量权；对法律法规之间出现冲突或对同一案件处理结果不一致等情况，应根据上位法和下位法的关系进行明确，做到基层执法时法律依据明确；对立法时间久远的法律法规进行审查，一是对不适应当前社会现状的法律法规进行清理，二是对需要更新的法律法规进行修订。对法律存在空白的领域要尽快启动立法，做到基层执法时有法可依。

2. 清晰划分消费者权益保护机构的权责

明确消费者权益保护工作的归口机关，根据行业领域或消费者权益保护工作的环节对各部门职责进行进一步明确，防止出现相互推诿、互相扯皮的情况。如将市场监管部门的职责聚焦于市场流通领域，对生产领域的监管则交给其他更专业的部门。

进一步明确消费者保护协会等事业单位职责，授予这些机构维护消费者权益的社会监督职能。如授权消费者保护协会作为公诉人对侵犯消费者权益的行为（频次高、受众广、金额低）提起公诉，为消费者进行集体维权。

3. 打造好 12315 平台

进一步提升 12315 平台的综合调度职能，不仅将其作为市场监管部门接受投诉的热线，而且将其作为政府接受各类市场主体反馈意见的平台。政府在该平台接到市场主体反馈的意见后，根据职责分工对政府所属各部门进行综合调度及时处理。防止出现消费者在拨打 12315 热线后，市场监管部门由于对某些侵权行为缺乏管辖权而无法处理的情况发生。

4. 基层专业人员设备配备

在厘清各级市场监管部门权责基础上，为基层监管队伍配备质量检测、食药检测等专业检测人员和设备。通过激励机制设计，提升基层监管岗位对专业人员的吸引力。或者加快培育各类市场化检测机构，基层市场监管部门可以通过购买第三方服务的方式，将专业性检测工作交给市场，监管部门负责对检测结果的审核和应用。

5. 基层执法力量强化

加强市场监管部门基层执法队伍建设，一是大量吸纳法律专业的年轻人加入市场监管执法队伍，增强专业性，改善基层执法队伍年龄结构；二是参照公安人员执法，给予市场监管基层执法队伍相对完善的执法授权，制定明确的市场监管与公安联合执法的制度，给市场监管执法人员提供制度上的保障与便利。

6.常态化的信用监管

一是加快大数据立法，为信用监管提供底层支撑；二是加快完善信用监管制度体系，促进政府、互联网平台等各方主体进行信用监管合作；三是加快完善信用恢复、信用公示等配套制度，为常态化信用监管提供支撑；四是对信用监管的应用，尤其是对信用评价结果、对失信人进行联合惩戒等要合理合法，不能逾越法律界线。

第三章　常见消费经济类型的剖析

第一节　服务消费

一、服务消费的概念与方式

服务是相对商品或货物而言的一个经济学概念。服务指不以实物形式而以劳动形式为他人提供某种效用的活动。服务的再生产过程与商品再生产过程一样，也是由生产、分配、交换、消费四个环节组成的。服务消费是指人们为了满足某种需要而有目的地消耗服务产品的过程或行为。从广义上说，它包括生产消费和生活消费两个方面。服务的生产消费是指生产企业在生产过程中对服务产品的使用和消耗行为。服务的生活消费是指个人在生活过程中对服务产品的使用和消耗行为。从狭义上说，服务消费仅指以服务产品为消费对象的生活消费行为。这里主要研究服务生活消费，即狭义的服务消费。消费概念由物品消费到服务消费的拓宽，是社会发展的必然。

服务消费的类型是指人们消费服务产品的方法和形式。服务消费的方法取决于服务产品的自然形态及其效用的表现形式。具有声音形态的服务如演奏服务，要通过听觉器官来消费；具有图像形态的服务，如舞蹈表演，要通过视觉器官来消费；具有气味形态的服务，如"气味电影"的消费，离开了嗅觉器官就难以进行。此外，一些服务的效用要通过时间或空间形式作用于消费者，因此，需要消费者以某些团体或组织消费其服务形态。如主要与空间形式有关的美容、医疗、客运、旅游服务，就分别作用于人的头部、脸部或人体的某个部位，甚至整个人体；主要与时间形式有关的信息、技术服务、生活便利服务等，则作用于生产过程或生活过程的时间因素上，引起生产时间或生活时间耗费的节约。服务消费的形式是指消费服务产品的社会形式，它不仅取决于服务产品本身的自然形态及其效用的表现形式，而且取决于一定的社会经济条件。经济发展水平和社会消费习俗不同的社会，往往有不同的服务消费类型。

二、服务消费的分类

（一）依据服务满足消费需要的性质分类

1. 个人生活性服务消费

个人生活性服务消费即社会成员以某种方式取得服务消费品，以满足个人或其家庭生活消费需要的形式。如餐饮消费、租房消费、乘车消费、医疗消费、通讯消费等。

2. 企业生产性服务消费

企业生产性服务消费即企业以某种方式取得服务产品用以满足企业的实物生产或非实物生产需要的形式。如运输服务、储存服务、广告服务、金融服务、批发零售服务等。

3. 社会公共服务消费

社会公共服务消费即政府、社会公共团体或机构通过财政拨款支持生产服务产品，免费或低价提供给公众消费，以满足某种社会公共需要的形式。如军队、警察提供的安全服务、法庭提供的法律服务、消防部门提供的消防服务、民政部门提供的救助服务等。

（二）依据获得所需服务产品的方式分类

1. 商品型服务消费

商品型服务消费即按服务产品的价值和效用通过市场等价交换而取得的服务消费。

2. 自给型服务消费

自给型服务消费即服务需要者以自我提供的方法取得的服务消费。

3. 义务型服务消费

义务型服务消费即服务消费者不需要支付任何形式的经济报酬取得的由社会团体、民间组织及个人自愿提供的服务消费。

上述两种划分方法既有联系和交叉，又有区别。如个人生活性服务消费既可通过商品型服务消费形式取得（如购票看戏），也可通过政府型服务消费形式实现（如享受免费教育），或是通过自给型服务消费形式（如自己驾车外出）获得，或通过义务型服务消费形式（如义演、义诊、义务咨询）获得。而企业生产性服务消费主要是通过商品型服务消费形式（如第三方物流）和自给型消费形式（如自营物流）实现的。

一般地说，随着生产社会化、专业化的发展，自给型服务消费和义务型服务消费的比重趋于缩小，而商品型服务消费的比重趋于增大。随着社会福利制度的强化，生活消费中个人生活服务消费的比重缩小，社会公共服务消费的比重增大。有些服务消费品具有对每个人和整个社会都有益的消费功能，但生产成本高昂，且不易于个体分散消费，因此，通常由非营利机构经营，以社会公共服务形式或义务服务形式提供给社会成员消费。这是服务消费方式与物品消费方式的重要区别。

三、服务消费与中国经济高质量发展

中国特色社会主义进入新时代，社会主要矛盾已经转化为人民日益增长的美好生活需要和不平衡不充分的发展之间的矛盾，经济高质量发展成为解决主要矛盾的必然要求和根本途径。2020 年 5 月以来，中共中央反复强调要促成"以国内大循环为主体、国内国际双循环相互促进"的新发展格局，经济高质量发展出现新变化，拉动内需作为"双循环"的主要着力点成为下阶段经济发展的主要任务。在投资回报率不断下降的现实状况下，扩大消费成为拉动内需的重中之重。扩大消费的重点逐渐向消费结构升级转变。服务消费代表着消费结构升级的方向，整合了服务经济与消费这两大国民经济发展的重要驱动力，能够起到促进内循环良性发展的作用。同时，发展服务消费对提升我国服务贸易的国际竞争力具有推动作用，能够通过规模经济效应和示范效应助力国内国际双循环相互促进、共同发展。然而，我国服务消费的潜力尚未得到充分挖掘，服务消费转化为经济发展动力的机制还存在诸多问题。因此，在"双循环"的背景下，对服务消费与经济高质量发展的关系做进一步探讨，对我国服务消费的发展现状与问题进行深入分析，对服务消费引领经济高质量发展的阻碍进行破解，显得尤为迫切和重要。

（一）服务消费对经济高质量发展的意义

1.扩大服务消费是化解供需矛盾的重要手段

经济高质量发展是创新、协调、绿色、开放、共享的发展，是以质量和效益为价值导向的发展新模式，供给与需求平衡是其内在要求。供需矛盾是经济生活中长期存在的一个议题，是促进经济社会发展的重要动力，在不同的经济发展阶段具有不同的表现形式。经济高质量发展是由数量导向的发展向质量导向的发展转变的过程，供需矛盾受其发展内涵变化的影响呈现出梯度性的新特性。新时代，人民对于美好生活的需求日益提升，需求内容出现了由生存型需求向发展和享受型需求的转变。生存型需求包括满足个人在衣、食、住、行等方面的基础性需求，属于低梯度的需求；发展型需求包括满足个人全面发展的教育、医疗等需求，属于较高梯度的需求；享受型需求是满足个人愉悦享受的需求，包含文化、娱乐、休闲等方面的需求，属于高梯度的需求。发展和享受型需求的增加使人民需求呈现出高梯度化的趋势，滞后的供给无法与高梯度化的需求相匹配，梯度性供需矛盾就出现了。服务消费是满足居民教育、医疗、文化、娱乐等较高梯度需求的主要途径，扩大服务消费符合经济发展的一般规律，是解决新时代供需矛盾的重要手段。

2.服务消费是推动经济高质量发展的内生性动力

2019年国际贸易增长显著放缓，出口对中国经济的拉动作用持续减弱，经济外延性增长遭遇瓶颈，国内大循环成为经济发展的主导力量。同时，中国的资本形成总额对GDP增长的贡献率从2009年的86.5%跌至2019年的31.2%，大项目投资回报周期长，对经济贡献后劲不足的问题愈发显现。与之形成鲜明对比的是，消费对经济增长的驱动作用呈强劲态势，2019年最终消费对GDP增长的贡献率达57.8%，消费已经成为国民经济增长的第一大引擎。2018年9月，国务院印发的《关于完善促进消费体制机制，进一步激发居民消费潜力的若干意见》中明确指出："消费是最终需求，增强消费对经济发展的基础性作用，有利于实现需求引领和供给侧结构性改革相互促进，带动经济转型升级，推动经济高质量发展。"此外，服务业对经济增长的贡献率近60%，服务经济日趋成熟，为国民经济发展提供源源不断的动力。服务消费作为连接服务经济与消费的桥梁，代表着消费结构升级的方向，能够带动经济内生性增长，是驱动经济高质量发展不容忽视的力量。当前，受疫情的影响，世界经济下行趋势加剧，国际贸易严重萎缩，拉动内需稳定国内大循环成为下一阶段的主要任务，服务消费的重要作用将进一步凸显。扩大服务消费能够发挥服务业的产业带动优势和区域先导性作用，对优化出口转内需路径、激发居民消费需求、全面恢复经济活力、助力"双循环"新格局形成起到推动作用。

3. 服务消费是消费结构升级的重要方向

消费结构升级是消费结构随着经济发展和时代进步而逐渐优化的过程，是居民生活质量向高标准过渡的必然选择。发达国家消费结构升级的经验显示，服务消费在居民消费中所占比重的变化是判断消费结构升级阶段的重要依据。一般而言，服务消费所占比重呈现出随人均GDP的增长而增长的规律，代表着消费结构升级的最终趋势。例如，关利欣将各国消费结构升级的经验进行对比之后发现，消费结构的变化一般经历三个阶段：以生活必需品消费为主的中低收入及以下阶段（人均GDP为5000美元及以下）、消费结构发生转型的中高收入阶段（人均GDP为5000~10 000美元）、以服务消费为主导的高收入阶段（人均GDP超过10 000美元）[1]。刘涛与袁祥飞对美、英、法、日、韩五国的研究表明，进入中等收入阶段之后，服务消费比重增长随人均GDP增长而较快增长，人均GDP在10 000~15 000美元时进入快速增长阶段，服务消费比重逐渐接近或超过50%；当人均GDP超过20 000美元之后，服务消费比重进入相对稳定的平缓上升阶段[2]。

① 关利欣.消费升级的国际比较及其借鉴意义[J].国际经济合作，2018（05）：29.
② 刘涛，袁祥飞.我国服务消费增长的阶段定位和政策选择——基于代表性发达国家服务消费增长规律[J].经济纵横，2019（02）：109-110.

4.发展服务消费是优化产业结构的重要途径之一

经济的高质量发展是质量与效率的统一，更加注重 GDP 的内涵，优化产业结构，提高资源配置效率，创新驱动发展是经济高质量发展的基本要求。从国际产业结构优化升级的经验来看，低附加值的传统工业外移，高附加值的现代服务业比例上升是发达国家所表现出的普遍规律。服务消费反映了服务业和消费结构升级的发展现状，是连接供给侧与需求侧的重要通道，能够通过传导和带动作用影响产业结构配置。服务消费优化产业结构是通过推动服务业升级优化进而牵引和带动传统产业优化升级而实现的。服务消费增长是服务业发展的直接动力，服务消费在梯度、质量上的提升直接带动了服务业自身结构的优化，能够推动服务业高质量发展。服务业的高质量发展对作为其物质基础的传统产业提出了更高的要求，需要传统产业提供更优质的辅助产品和基础配套设施作为支撑，从而牵引和带动传统制造产业优化。一方面，作为服务业的物质支撑，为了满足服务业高质量发展的需求，传统制造产业需要提升质量，优化产业结构，发展配套生产性服务业，进行转型升级；另一方面，服务消费的发展不断丰富着服务的内容和形式，服务创新不断涌现，催生出服务业与传统产业融合发展的服务新业态，加速了传统产业服务化进程，提升了产业价值链。

（二）服务消费引领经济高质量发展的策略

1.构建服务消费驱动内外双循环的动力模式

消费代表着最终需求，扩大消费是促进国内大循环的重要途径。我国正处于消费结构升级的关键时期，扩大消费需遵循消费结构升级的一般规律，应以服务消费作为消费结构升级的发展方向，以服务消费和产品消费的互动融合带动国内国际双循环相互促进。

首先，延伸产品价值链，推动有形产品服务化。全面树立服务意识，改变产品与服务割裂发展的固有观念，转变产品本位思维，将生产企业的定位从产品制造者向解决方案的提供者转变，依托产品提供增值服务，延伸产品价值链，深化制造企业服务化进程。鼓励诸如食品消费、娱乐用品消费等产品消费的功能通过相应的服务消费实现，鼓励通过服务体验带动产品消费，深化产品消费与服务消费的互动融合，提高居民整体消费率，促进国内大循环有序进行。

其次，发挥传统产业优势，提升服务供给能力。服务消费是一个复杂的过程，各种相关因素（如服务消费的环境、配套设施、有形产品等）都会影响消费者的服务体验和满意度。我国在基础设施建设、硬件设备生产、有形产品供给上具有优势，能够为服务供给提供良好的物质基础。我们应根据服务消费发展需要，及时更新服务配套设施和辅助产品。提升服务配套设施的科技含量，重视交通、市政、信息平台等公共基础设施建设，进一步推动服务基础设施向智慧化、便捷化方向发展，提升服务供给能力和服务供给质量，在保障国内大循环有效实现的同时，提升服务企业在国际循环中的竞争优势。

最后，发展服务新业态，推动传统产业升级发展。随着大数据、VR、AR、移动支付等技术的广泛应用，一系列服务新业态应运而生。这些服务新业态作为以新技术、新的商业模式为引领，以多产业融合发展为特点，以更好地满足消费者需求为目的的创新型服务供给，在推动消费结构升级、优化产业结构等方面具有独特作用。应通过发展服务新业态，不断创新服务供给，激发服务消费潜力。通过工业旅游、休闲农业等方式盘活传统产业，创新盈利模式。抓住供给侧结构性改革的契机，以服务业为主导，推动各产业与服务业融合发展，减少传统产业优化升级的转换成本，多元化产业升级路径，驱动经济高质量发展。

2.持续推动服务产业结构优化

中国作为一个超大型经济体，不同群体的收入差距、区域发展的不平衡以及城乡消费结构的差异等导致服务消费存在梯度性。服务产业的发展和优化应遵循服务消费的梯度性特征。

首先，对低梯度的生存型服务消费，应根据市场需求平稳适度发展，优化供给结构，提高服务供给质量。餐饮服务、酒店服务、交通服务、通信服务等低梯度基础性服务是上一轮经济发展的主要增长点，当经济进入高质量发展的新阶段之后，这类消费在居民消费中占比的增长速度将减缓。因此，低梯度服务消费从供给总量上来看相对充足，主要面临的是高、中、低端供给结构不合理，高质量服务供给短缺的问题。应根据市场反馈情况，优化高、中、低端服务供给结构，提高服务供给的质量，合理适度发展。

其次，对较高梯度的发展型服务消费，应加大扶持力度，给予资源与政策倾斜，增强市场活力，全面提升供给能力。目前，我国发展型服务消费总体呈现出需求增长快于供给增长的状况，公益性服务供给难以满足居民对发展型服务消费的需求，市场性服务供给的重要作用愈发显现。应对市场性发展型服务供给予以适度的政策支持，充分发挥市场在资源配置中的决定作用，提升市场供给质量，全面提升发展型服务消费的供给能力。

最后，对高梯度的享受型服务消费，应加强引导，鼓励创新，提高服务供给中的科技含量，进一步激发居民的消费潜力。对文化、体育、娱乐、旅游等高梯度服务消费来说，现在正处于需求与供给同步高速增长的黄金期，居民的潜在需求在不断创新的新型服务供给中被激发出来。应抓住这一难得的发展时机，有效引导产业发展，将人工智能、5G、大数据等新技术运用于服务供给中，加快传统服务业的智慧化进程，提高资源配置效率，全面带动服务业高质量发展。

3.提供个性化、市场导向的"时空"引导政策

由于服务的易逝性以及生产与消费同时性的特点，服务供给存在固有缺陷，即服务供给不能运输、无法储藏，极易出现时间与空间上供需失衡的问题。我国人口地域性分布不均、法定节假日集中消费、中心城市承担多重职能等因素进一步加剧了这种在时间维度和空间维度上的供需失衡。因此，政府应根据服务消费的特点，提供个性化的具有市场导向的"时空"引导政策。

在时间维度上，应加强对居民服务消费的引导，完善带薪休假制度，鼓励错峰消费，以价格调节服务消费需求，减少服务消费"井喷式"爆发的现象。通过人工智能、"互联网+"等服务创新模式和合理的人力资源管理，来增强服务供给的适应性和灵活性，提高在时间维度上的服务供给能力，提升资源使用效率。同时，延长服务供给时间，大力发展夜间经济，为消费者多元化的服务消费需求提供时间选择。

在空间维度上，各地政府应提升公共服务水平，加大在养老、医疗、教育、文化等领域的投入，灵活处理政府与市场的关系，利用政府购买公共服务的方式来提升各地公共服务的供给总量与供给质量，缓解由公共服务供给不均衡带来的消费者集中涌入中心城市进行服务消费的压力。此外，优化区域营商环境，给予提供高质量服务供给的企业以政策优惠，吸引相关企业和项目落地，为本地居民提供多元化、高品质的服务供给，缓解居民跨地区消费的问题，着力满足居民对美好生活的需求。

4.完善服务产品的质量保障体系

我国服务业发展迅猛，服务消费占比不断提升，但是在服务消费迅速发展的背后却存在服务评价标准不统一、服务质量监管体系不健全、消费者满意度较低等一系列质量问题。因此，完善服务产品的质量保障体系刻不容缓。

首先，应加快完善服务产品高质量发展的标准体系。借鉴欧美、日韩等发达地区的服务质量评价标准，针对服务业具体门类的特点，进一步完善我国各类服务的质量评价标准，形成各地统一的服务质量标准体系，使服务质量标准有据可依，能够具体量化。

其次，不断优化服务产品质量的监管体系。建立动态监管制度，完善事前、事中、事后监督。秉持公平、公正、公开的原则，使服务监管工作透明化，对质量较好和质量不达标的服务供给主体均进行公示，降低服务市场的信息不对称程度。严格遵守行业标准，加大惩治力度，高度重视消费者对于服务质量的相关投诉，将相关法律法规落实到位。

最后，营造提升服务产品质量的良好的政策环境。政府和相关协会组织应发挥平台性和桥梁性作用，畅通政策信息，加强引导，落实优惠政策，提升企业对政策响应的积极性。增强企业质量意识，使企业充分认识到服务质量对消费者满意度和企业长远发展的重要意义。提升企业和消费者在服务质量相关政策制定时的参与度，重视企业和消费者在服务质量改进过程中的反馈。

第二节 精神文化消费

一、精神文化消费的内涵和分类

（一）精神文化消费的含义

精神文化消费是指对精神、文化类产品和劳务的占有、欣赏、享受和使用等，以满足人们精神、文化、娱乐需求的一种消费。精神文化消费是以文化产品和劳务消费为依托和前提的。

精神文化消费的内容十分广泛，不仅包括专门的精神、文化和其他文化产品的直接消费（如音像制品、电影电视节目、电子游戏软件、CD、DVD、书籍、杂志的消费），而且包括精神文化服务的消费（如各类培训、文化娱乐、体育健身等方面），同时，还包括为了消费文化产品而消费的各种工具（如电视机、照相机、影碟机、计算机等）。此外，精神文化消费还需要各种各样的文化设施，如图书馆、展览馆、影剧院等。

精神文化消费不同于消费文化，但精神文化消费的概念往往与消费文化的概念相混淆。消费文化包括物质消费文化和精神消费文化两方面。消费文化主要是受消费者心理、价值取向、行为准则和习惯偏好等方面影响和制约的，消费文化更多地表现为消费者在消费活动中追求的一种情调和氛围，它贯穿于消费者物质和文化消费的全过程。

常见的消费文化包括消费品文化（如茶文化、酒文化、饮食文化、衣着服饰文化、住宅建筑和装饰文化等）、消费服务文化（如医药文化、体育文化、休闲文化、表演文化、旅游文化等）以及嗜好文化（如收藏等）。相比较而言，文化消费是具体的，消费文化是笼统的，更多地带有观念上消费哲学的意味。

（二）精神文化消费的分类

精神文化产品具有多样性，同时，人们对精神文化产品的消费目的也有差异，因此，精神文化消费可以按照不同的标准进行划分。

1.按照消费具体目的分类

按照精神文化消费的具体目的可以将其划分为发展型文化消费、娱乐型文化消费和奢侈型文化消费。发展型文化消费是为了在精神或文化某一方面进行发展而进行的消费，例如学习或培训。精神文化产品所蕴含的文化因素往往要求消费者具有一定的专业知识或技能，例如艺术品鉴赏，如果没有系统、深厚的相关知识，很难领悟作品的艺术魅力。再如英美语言文学评论，如果没有英美语言写作、阅读的基础就谈不上品读评价。因此，发展型文化消费最主要的表现形式就是各种学习或培训。娱乐型文化消费是直接满足消费者的娱乐需求的消费，大多数精神文化消费都属于娱乐型文化消费范畴，例如电影、戏剧、音乐等消费形式。享受型文化消费也是直接满足消费者娱乐、享受需求的消费形式，但是这种消费往往带有享受性的色彩，例如歌舞会、大型音乐演唱会、收藏等。

2.按照地域范围分类

精神文化消费是满足消费者精神、文化、娱乐需求的消费，往往消费品背后所蕴含的文化因素能够给消费者带来精神、文化、娱乐方面的满足。而文化是有地域特色的，不同的国家、民族、地区之间的文化是不同的。可以按照地域范围将精神文化消费划分为本地区的精神文化消费和外来精神文化消费。由于文化交流的频繁，尤其是互联网技术将地域、文化的分界变得越来越模糊，本地区和外来精神文化消费的界限也变得越来越模糊了。例如，很多民族地区传统的精神文化产品是民歌，相对而言，美声、高音等文化形态就是外来精神文化形态。随着文化交流的加深，民歌与美声等文化形态进行融合，产生了新的歌曲演唱形式或内容。这种变化比比皆是，也从侧面说明了精神文化消费的多样性和可变性。

3. 按照消费对象所呈现出的形态分类

按照精神文化产品的消费对象所呈现出的形态不同可以将精神文化消费分为产品消费、劳务消费和文化附加值消费。精神文化产品消费是指精神文化产品呈现出生产与销售相对独立的物态，例如对图书、报刊、影视等产品的消费；精神文化劳务消费是指精神文化产品以劳务形式出现的消费形式，例如戏剧、歌剧、音乐会等；精神文化附加值消费是指在消费其他商品和服务时，得到精神文化附加值的消费和享受，例如形象设计、装饰装潢、文化旅游等。

从精神文化内容与其载体的关系可以看出精神文化消费的内容包括纯精神文化内容、精神文化产品附加、物质产品的文化及精神附加。有些精神文化产品不需要通过载体进行表现，例如民歌，民歌中可以包含民族的历史、文化，并且给演唱者以精神的愉悦和享受。人们经过创造性的思维和劳动，生产、创造、分享的精神文化产品成为消费的主要对象。需要承载和传播的精神文化产品是精神文化产品的主要组成部分，例如生活中常见的图书、报刊、影像制品、电视节目等形式，这些文化产品不仅是精神文化内容的载体和传播手段，而且本身也是精神文化产品。相对应的，也有通过物质产品来承载和传播精神文化的形式，例如老字号产品的文化内涵、公益拍卖品的文化意义等。这些产品背后蕴含的精神文化因素是其价值的最主要部分，这些物质产品成为精神文化内容的载体和传播手段。消费者消费物质产品的过程，同时也是享受其背后精神文化内容的过程。此类产品的消费属于精神文化消费，多体现在一些名贵的物品上（如名贵的玉石等）。

二、精神文化消费与物质消费功用的一致性

虽然人类生命的存在与发展依赖于吃、穿、住、用、行等基本的物质消费需求，但人们不应该忽视这样的事实，即人类早已迈过茹毛饮血的动物性时代，人类社会越发展，大自然馈赠给人类的物质——甚至包括阳光、空气、水等——就越需经过精神文化的精细加工制作，才能被人类接纳和享用。人类的精神文化将通过两条途径满足人的生存与发展的消费需求。第一，将精神文化融入物质产品的生产与消费中，以促进物质产品在质量、数量、功能、品种等诸多方面拓展开来；第二，依赖文化符号功能，将人类的精神意识转化为独立的精神文化产品形态，以促进精神文化产品和物质产品生产与消费的平衡发展。精神文化是人的精神意识的凝聚，而精神意识既难以"量化"，也与有机体的生存不发生直接的关联性，人们在获取和享用物质消费功用的过程中，常常被物质消费功用的量化手段和结果所吸引，这就导致了人们常常有意或无意地忽略凝结在物质产品中的精神文化消费功用。在漫长的历史时期内，精神文化产品不仅数量不丰富，而且未能广泛进入消费领域，大多处在"显摆""消遣""馈赠"等非买卖消费状态，大众无从培养起精神文化消费的习惯和经验。再加上占有精神文化的一方，为了独享精神文化的统治权，往往有意无意地将满足精神文化需求与大众消费需求割裂开来，凡是精神文化产品与金钱买卖发生了联系，都被冠之以"铜臭味"加以鞭笞，其结果就造成了用某种道德准则来衡量精神文化价值的历史阴影。无论是文化精英还是普通百姓，在潜意识中都会受到这种阴影的影响，都对精神文化也能买卖、估价待售等经济行为存有误解。随着精神文化消费实践的快速发展，人们会逐渐抛弃、转变那种不合时宜的观念，同时也会通过建立、宣传和贯彻现代知识产权保护等有效措施，来重构大众精神文化消费心理。精神文化消费的价值判断从道德准则迈向法制准则，在实践意义上有助于减弱两种消费需求之间的摩擦，有助于建立新的消费理念与秩序。

在消费社会中，消费权利与货币拥有量是直接挂钩的。当精神文化消费功用与物质消费功用统一之后，一部分富裕的人确实就更有条件活得有尊严、有格调、有趣味，更能实现审美化生存，但却同时也剥夺、压抑、遮蔽了一大批社会草根的精神文化消费需求。就拿定制服装现象来说，私人定制向来以高端消费人群为销售对象，一件或一套衣服动辄成千上万元。其实就

面料而言，定制服装与以普通标准制作的大众服装不可能具有本质区别，二者之间巨大的价格差异主要在于"个性化服务"（属于精神文化类消费）上。作为个性化服务的精神文化消费的要点在于，让消费者通过个人定制服装的穿着，显示出某种符号性、象征性，穿出自己某种特定的群体、阶层、身份和地位，穿出浪漫、时尚、前卫、富贵等品位，凸显"自我"和"个性"。如果沿此思路探究下去，我们就可发现，在定制服装中，消费者虽然支付了高昂的价格，但却用相应的货币购买力拥有了可以表现"自我"和"个性"的自由。同在生活、工作、社交等其他情景中获取表现"自我"和"个性"的自由相比，通过私人定制服装而获得表现"个性"的方式更为功用。于是，从市场法则角度来看，定制服装自然就有了其现实存在的理由和消费价值。用于购买"定制服装"的货币购买力不是天上掉下来的，理论上也应当是消费者劳动所得。但在现实中能够拥有远远超过普通人的购买力，其财富和收入往往并非全部来源于劳动工资，而更多的应当是来源于资本所产生的利润。消费购买力来自资本所产生的利润与来自自身劳动力的价值，其意义是有本质区别的。"定制服装"的精神文化消费功用与物质消费功用相融合的现象，可以引发我们更深层次的思考：精神文化消费既然可以满足人们表现"自我"和"个性"的需求，那么，是否必须具备巨大的购买力，才能够实现表现"自我"和"个性"的消费呢？为什么我们不能创造一种模式，在一定产品的生产与消费中渗透创新设计的环节，在使用价值基础之上融入某种符号价值、象征价值，使大众普遍享有表现"个性"和"自我"的产品呢？可见，随着精神文化消费现象的深入发展，将催生出更多与大众购买力相适应的市场消费模式。

当然，我们还需要用辩证思维看待精神文化消费与物质消费功用的一致性。自20世纪中叶开始步入消费社会，学者们既看到了精神文化消费与物质消费功用相融合的一致性，也看到了当今精神文化消费与诸多文化价值的冲突。波德里亚立足于批判现实的态度，揭示了消费社会中"大型技术统治组织是怎样引起无法克制的欲望，而且又是怎样创建了用以取代旧的不同阶级的区分的新的社会等级"。[①] 杰姆逊的《后现代主义与文化理论》、本雅明的《机械复制时代的艺术作品》、波兹曼的《娱乐至死》、罗兰·巴特的

---

① 让·波德里亚.消费社会[M].南京：南京大学出版社，2000：47.

《符号帝国》等，也都是秉持批判现实立场来剖析精神文化消费现象的。[1]但不管我们是持批判的立场还是持建构的立场，都不能改变精神文化消费与物质消费日趋融合的发展趋势。

三、精神文化消费的基本特征

（一）精神文化消费是相对于物质文化消费的

世上有物质文化消费，自然也有精神文化消费。所谓精神文化消费是指为满足人们的精神文化需要，以提高消费者文化水平、陶冶性情、愉悦情绪等为目的，以精神文化产品为消费对象的消费。人们通过消费物质的文化形态来达到满足精神文化生活需要的目的，是生活消费的一个极为重要的方面，也是社会主义精神文明建设的重要内容。

物质文化消费能够直观地表现出来，因而多受注意；然而精神文化消费由于其文化的隐含性，往往被忽视。

（二）精神文化消费的消费需求弹性大

精神文化消费是为满足人们的文化、娱乐等需求而进行的消费，而物质消费是为了满足人们的基本需求的消费。人们只有在满足基本的需求之后，才会产生对更高层次的文化、娱乐、休闲等方面的精神文化消费需求。基本的物质消费是生存必需的，是刚性的，比如对食物、衣服等方面的消费，是人生存必不可少的，但是对电影、歌剧、演唱会等用于满足精神文化需求的文化消费并不是刚性需求。一个人可以不进行精神文化消费，不去看电影，不去看演唱会，不去听音乐会等。

（三）精神文化消费具有连续性、继承性

精神文化消费虽然不像物质消费那样具有刚性，但是精神文化消费具有连续性和继承性。精神文化消费可以满足人高层次的精神文化享受，陶冶情操，提供精神食粮和享受。这种连续性和继承性可以慢慢地成为人们生活中的习惯，成为人生活需求的一部分，例如读书、看电视。读书和看电视不是

---

[1]　西莉亚·卢瑞. 消费文化 [M]. 南京：南京大学出版社，2003：102.

生理必需的，但是在长期的培养和熏陶下，这些精神文化消费会成为生活的必要组成部分，成为生活必要的补充和调剂。另外，文化消费可以进行传播、继承和扩散，使其不仅指使消费者的个体行为，而且也会带动周围的人群成为精神文化消费的消费者和受益者。

（四）精神文化消费的效用具有持久性

精神文化消费是以消费对象中包含的文化价值为目标的，消费者得到的是精神愉悦和享受。不同于精神文化消费，物质文化消费的效用往往具有即时性和短暂有效性。例如食品的消费，食品给消费者带来的效用直接而明显，具有短暂有效性。

精神文化消费直接满足消费者的文化欣赏、精神愉悦的需求，虽然有外在的图书或其他的形式，但是精神文化消费给消费者带来的愉悦享受和精神财富可以持续很久。例如，一本好书对于读者可以有长久的影响力，伟大的思想和新颖的观念会影响一个人的世界观和价值观。

（五）精神文化消费具有非排他性

排他性又称为独占性或专有性，是指消费者消费单位物品就排除了其他人来消费这件物品的可能性。精神文化消费具有很强的外部性，更多地表现出公共物品的特征。由于精神文化消费的对象，也就是文化产品和服务更多地表现为文化、知识、思想、道德、艺术、创意等多维综合体，因此，能给予不同的消费者以不同的精神享受而不受损耗。例如，一件雕塑的展示，不会因多一位观赏者而使得雕塑产品受到更多的损耗。但是，实物消费，例如对食品的消费，一个人消费就会排除其他人的消费。精神文化消费不仅能满足个体消费者在精神、文化层面的需求，也能促进消费者在工作效率、思维创造性等方面的提高，进而促进其他行业的发展。例如，消费者欣赏具有积极意义的歌剧后会促进其艺术、思想方面的享受和发展，进而使消费者的工作效率提高，工作创新性增强。积极的、健康的、高尚的精神文化消费对消费者具有正的外部性，对其他行业具有促进作用；而消极、负面、低俗的精神文化消费则会对消费者产生负面影响。

（六）精神文化消费成本更低

因为精神文化消费具有非排他性，当精神文化消费主体对某一文化产品进行消费时，并不妨碍其他主体对该产品的消费和使用。一位消费者对电影的观看并不妨碍其他消费者的观看，并且消费者越多，文化产品的成本就越小，利润空间也就越大。随着互联网技术的兴起，精神文化产品也更广泛地与互联网相结合，并能以更快捷、多样的途径进行传播。这不仅可以扩大精神文化消费的群体，激发更多消费者的精神文化消费需求，还能更进一步降低精神文化消费的成本。

（七）精神文化消费要求消费者具有一定的文化素质

精神文化消费要求消费者具有一定的精神文化消费能力。精神文化消费的对象，从广义上来讲是文化，从狭义上来讲是承载着文化、知识、思想、道德、艺术、创意等方面的产品和服务。也正因为如此，这些消费的对象往往都比实物消费的对象的文化层次更高，当然其中也存在高低差异。对文化内涵具有更深理解的消费者，其文化水平要求也更高。精神文化消费往往要求消费者具有一定程度的文化素质和修养、一定的科学文化知识以及鉴赏能力。并且精神文化消费还具有层次性，不同层次的精神文化消费要求相应层次的精神文化消费主体的文化知识水平和消费能力。消费者是精神文化消费的主体，一定层次的主体要求相应层次的客体与之相对应。例如，读书需要消费者有文字基础，而内涵更丰富的诗歌等文学艺术创作不仅要求消费者要识字，还要求消费者具备一定的文学素养和鉴赏水平。

（八）精神文化消费的效用难以量化衡量

效用是用来度量消费者通过消费而使需求、欲望得到满足的程度。消费者的精神文化消费是用来满足精神、文化需求的，消费者的满足程度带有主观性。即使是对同种文化产品的消费，不同的消费者由于不同的文化素养、精神状态等因素，也会产生不同的效用水平，甚至有时候相同的消费者在不同精神状态下对文化产品的消费都会产生不同的效用。例如，对文学作品的欣赏，不同层次的消费者会读出不同的内容，产生不同的心理感受，即使是同一位消费者，在每一次阅读过程中也会产生不同的想法。也正是由于文化消费更多地受主观因素的影响，使得很难对文化消费给消费者带来的效用水平进行衡量，也因此导致文化消费市场上对同一件文化产品的价值度量会产生很大的差异。比如，对同一件艺术品的价值估量，不同鉴赏水平的消费者会有不同的心理定价。

（九）精神文化需求的更新速度更快

由于精神文化消费是要满足人们对精神、文化、娱乐等方面的需求，要受到消费者收入水平、文化偏好、社会风尚等多方面的影响，任何一个因素的改变都会促使精神文化消费需求发生改变，尤其是创意、潮流之类瞬息变化的因素更会影响到消费者在精神、文化、娱乐方面的感受，因此，使得精神文化消费的消费品——精神文化产品的更新换代周期更短。精神文化消费品中那些具有创新性的创意产业、产品，更新发展的周期更短，尤其是当今社会，随着互联网技术的发展，精神文化产品的传播更为通畅，信息沟通更便捷，满足精神、文化、娱乐需求的产品面临更强烈的更新要求。这就使得精神文化消费的对象，即精神文化产品的变化更快，更新周期更短，也促使精神文化产业更为发达。

（十）精神文化消费成为现代经济的主要推动力

精神文化消费是消费结构优化、消费水平提高的标志，精神文化消费的发展是经济发展的必然趋势。精神文化消费相对物质消费来讲，更容易成为现代经济发展的推动力。物质消费有极限，而精神文化消费可以持续不断地创造需求，没有极限。例如，人们对粮食的消费是有限度的，但是精神文化消费很难达到极限。如看电影，看过一部电影不会影响第二部、第三部等更多电影的观看。相反，有时会使消费者有观看更多续集的欲望，这时，就创造了需求。因此，当代精神文化消费更能推动经济的发展，而单纯依靠物质消费很难使经济持续发展，很容易达到消费的极限。因此，当代经济发达国家的精神文化消费比重越来越高，精神文化消费催生出如创意产业等更多用于满足消费者文化娱乐需求的产业。精神文化消费也通过提高消费者的技能、知识水平和人文素养，从而进一步扩展新的消费需求。例如，对音乐的欣赏需要具备一定的音乐知识和一定的设备，同时，还会增加对相关教育培训的需求，进而扩大对其他产品、服务的需求，这些需求都是有利于经济健康发展的。

四、当前大学生精神文化消费状况及其教育引导

（一）当前大学生精神文化消费的特点

大学生精神文化消费，是指大学生为满足个体的精神文化生活需要对精神文化产品及精神文化性劳务的占有、欣赏和使用等。其实质是对社会以及他人提供的精神财富，包括物质形态和非物质形态的消耗。前者如音像制品、文化用品、娱乐用品及通信产品等，后者如文娱表演、音乐演奏、文艺晚会等。由此可知，精神文化消费的涵盖范围是很广的，尤其是对于处于学习知识、接受教育、提升文化的特殊阶段的大学生而言，精神文化消费更是其生活消费重要而核心的内容。大学生精神文化消费呈现出如下特点：

1.具有内容的丰富性和对象的多样性

当前大学生的消费构成主要分为：基本生活费（衣、食、住、行）、学习消费（学费、书费、考证费等）、休闲娱乐消费（休闲、健身、旅游、娱乐等）以及人际交往消费（人情往来、恋爱等）等四大方面。除了基本生活消费外，大学生用于精神文化消费的数额在不断增长，构成大学生精神文化消费对象的物质形态和非物质形态的种类也越来越丰富，既包括文化教育、绘画、雕塑、书法、摄影、阅读书刊、看电影、欣赏音乐、听戏剧、听广播或演讲等，也包括上网学习、聊天儿、玩游戏，通信，交际联络，还包括旅游、恋爱、健身、舞蹈等。这说明当代大学生的精神文化生活是多姿多彩、丰富多样的。

2.具有很强的层次性和跨层次性

不同的精神文化产品能够满足人们不同的需要，它既有高雅与低俗之分，也有科学与不科学之别，它既能供人娱乐消遣，愉悦身心，也能陶冶性情，培养高尚情操，还可使人储备知识能量，发展多方面才能，为社会做出更大贡献。积极的、高雅的精神文化消费本质上是一种高层次的消费活动，它能陶冶人的情操，发展人的才能，推动社会进步，并能给社会发展以长期的、深远的影响；相反，低级无聊、庸俗不堪的精神文化消费则使人低迷堕落，甚至走上违法犯罪的道路。可见，精神文化消费是分层次的，既有消遣型、娱乐型、享受型的精神文化消费，也有社交型、发展型、智能型的精神文化消费，这主要是由精神文化消费主体的素质、文化修养、价值取向、兴

趣爱好以及收入水平等决定的。

3.具有很强的时代性和流行变化快的特点

当代大学生典型的心理特征之一，就是内心丰富，热情奔放，思想活跃，张扬叛逆，敢于冒险，易于接受新事物。反映在精神文化消费方面，就是热烈地追求时尚与个性，任何新事物、新知识、新观念都使他们强烈渴望，大胆追求，力图表现个性，引领时尚潮流。由于青年大学生具有较丰富的文化知识和较强的逻辑思维判断能力，因而，对于精神文化消费的追求也是注重其能够反映时代潮流与风格，符合现代科学技术的要求。调查资料表明，各类电子词典、MP3、MP4、手机等在大学生中不仅机型新、时尚前卫，而且更新换代速度快，在大学几年中因追求手机机型的时尚新颖而换两机、三部的人并不少见。特别是一些畅销书籍、流行歌曲等，几天之内就可以迅速地在大学生中传遍，但用不了多久，大学生们又会追求更新的畅销书籍、流行歌曲等。

4.带有追求个性与独立、表现自我、冲动性强的特点

大学生的另一个心理特点是追求个性独立与自我表现，且冲动性强。当代大学生的自我意识进一步增强，他们要求独立自主地处理问题，自信心强，自尊敏感，一言一行都力图表现出"我"的内涵。在精神文化消费方面，他们非常喜欢那些能体现自我个性的商品，要求商品能有特色，具有独特个性，并能体现自我特点，以此来满足其追求个性美与表现自我的心理要求。同时，青年大学生心理的又一个典型特征，是情感丰富强烈而又不稳定，情景性强，感染性大，极易冲动。例如，在精神文化产品的购买上，有些大学生的冲动性购买多于计划性购买。在选择商品时，往往忽略综合性能，而是单就款式、颜色、形状、价格等某一方面的因素，就可以成为他们购买商品的理由。

（二）对大学生精神文化消费的教育引导策略

1.引导大学生摒弃享乐主义、消费主义的影响，树立积极的发展性消费观

随着时代的发展，当代大学生的消费结构呈现出多元化的特点。大学生消费的多样性，一方面受社会经济发展及其家庭收入和生活环境的影响，另一方面主要取决于大学生个体需求的多样性。但对于经济不独立、具有较强依赖性的大学生群体而言，应引导其合理的消费行为，鼓励大学生在自身条

件许可的前提下，加大用于促进其自身能力发展、素质提高的发展性资料的消费比例。最大限度地提高其消费结构中发展性、智能性、高雅的精神文化和科技教育消费比例，避免其不合理的消费行为，尽量减少纯娱乐性、消遣性消费，坚决抵制一些低级庸俗不健康的侵蚀性消费。

同时，在精神文化生产领域，要生产出高层次的精神文化产品，特别是满足人们发展需要的精神文化产品，使其由单纯享受需要、娱乐需要转化为更多地满足发展需要；对满足人们享受需要、娱乐需要的精神文化产品，要注重其陶冶功能、教育功能，鼓励高雅的精神文化产品的生产和消费，限制和坚决打击那些低劣的特别是低级庸俗的精神文化产品的生产和消费，为大学生的健康成长提供丰富的、高质量、高品位的精神文化产品。

2.引导大学生抵制不健康的精神文化产品，树立健康的文明消费观

当前精神文化消费面临商品经济的冲击和外来文化的冲击，受这两种冲击和社会上不良消费行为的影响，在某些学生中存在不文明、不健康的消费方式。因此，要引导大学生树立科学文明的消费观，自觉地选择健康向上、思想性强、艺术水平高的精神文化产品作为消费对象，自觉地抵制精神鸦片的毒害，自觉地将自己的精神文化消费纳入精神文明建设和培养高素质人才的轨道上来。

3.引导大学生克服盲从攀比心理，树立科学的理性消费观

大学生是生活在时代前沿，相互间影响最多、最快、最广的一个社会群体，因此，从众心理和模仿行为更容易在大学生之间发生。实际上，模仿是每个人都有的一种心理机制，是指有意和无意地模仿和再现与他人类似行为的活动。作为被模仿的对象，有传统的，也有新创的；有合理的，也有不合理的；有先进的，也有落后的；有高雅的，也有低俗的。如果不加以选择、不做分辨、非理性地加以模仿，就是盲从。虽是盲从的模仿，但也会反映和形成模仿者一定的态度、信念、心理和行为，从而对其造成深远的影响。特别是在精神文化消费方面的盲从，对人的危害更大。盲目地模仿别人购物，盲目地模仿别人消费，而不是自觉地从自身需要和经济条件出发，运用判断、推理、分析、综合等科学的思维方法，从理性的高度来理智地思考消费什么、如何消费、为什么消费等，以便更好地把握、选择精神文化消费的对象。因此，必须帮助大学生克服精神文化消费中的盲目从众心理和攀比心理，摒弃其非理性的消费行为，重视和强调理性消费，并采取行之有效的应

对措施，积极主动地做好教育管理和思想引导工作。

4.与高校的思想政治教育工作相结合，促使大学生树立正确的世界观、人生观和价值观

大学生在精神文化消费方面选择什么作为消费对象、怎么消费等，归根结底是由他们的世界观、人生观和价值观决定的。反过来说，他们对于精神文化消费的选择与追求又会影响其世界观、人生观和价值观。因此，应把对大学生的精神文化消费的教育引导与高校的思想政治教育工作相结合，从根本上解决问题，引导大学生树立正确的世界观、人生观和价值观，并指导大学生更好地进行精神文化消费。在高校思想政治教育工作中，应重视和加强对大学生消费心理和消费状况的关注，教育大学生树立科学合理的消费观念，重视培养大学生健康的消费心理和消费行为。

第三节　信息消费

一、信息消费的概述

（一）信息消费的含义与基本要素

通常认为，信息消费是一种直接或间接以信息产品和信息服务为消费对象的经济活动。信息消费涵盖生产型消费、生活型消费、管理型消费等领域，如购买一部智能手机，无论打电话、上网所产生的通信费，还是下载安装各种 APP 进行阅读、看视频、团购等操作行为所产生的花销，都属于信息消费。信息消费的基本要素包括：

一是消费主体，一般划分为自然人和法人两类。自然人是指个人信息消费者，法人是指政府及各级企事业单位。在信息消费过程中，自然人的年龄、职业、受教育程度、信息素质、消费偏好等会影响其信息需求行为，甚至会影响政府及企事业单位的信息需求意向。

二是消费对象，即消费客体。消费对象既可以是实物（有形）层面的产品，如手机、电脑、电视等实物媒介，也可以是精神（无形）层面的服务，如网络上的各种新闻、影视作品、广告宣传等数据信息。

三是消费环境和工具，即一切自然环境和社会因素的总和。互联网环境下，信息的差异会造成不同的信息反馈，进而影响消费者的有效需求，消费者需要借助相应的工具掌握市场变化并做出理性预测。从媒介和消费差异性的角度，信息消费可以分为网络通信消费、广播宣传消费、教育传播消费和文献信息消费；从信息消费内容的角度，信息消费可以分为信息产品消费、信息服务消费和信息设备消费；从有效需求结构的角度，信息消费可以分为资源型消费、家用型消费和网络型消费。基于信息消费强调需求方的特征，笔者将其分为个人信息消费、企业信息消费和政府信息消费。

（二）信息消费的主要特征

1. 共享性

从边际效用的角度看，若 A、B 都是信息商品，消费者购买一单位 A 或一单位 B 或是 A、B 各一单位就已足够，完全没有必要也不会再去购买一个单位以上的 A 或 B。如果 A 和 B 分别被购买或各被购买一单位，那么其总效用就已经确定，不会随相同信息商品的消费量增加而增加。随着时间的推移，这种信息商品的边际效用也存在递减的趋势。不过，物质商品在使用和消费中是以自身的消耗和磨损为代价的，信息商品在使用和消费中则表现为信息内容从一种物质载体转移到另一种物质载体，但无论怎样转移，都不会失去使用价值或效用。

由于信息具有非磨损性和不可逆性，因此，信息产品可以被多次使用、消费。一般的物质资源在消费过程中不断减少，而信息产品在消费过程中供人们持续消费，时间相对较长，信息商品通常创造成本很高，但复制成本很低，建立在信息共享基础上的信息消费，较少受时空的限制。同一信息产品在同一时间可以供两个及以上的消费者同时消费，而不减少消费效用或增加消费成本。这就是信息消费的共享性。

你有一个苹果，我有一个苹果，彼此交换一下，我们仍然是各有一个苹果。如果你有一种想法，我也有一种，我们相互交换，我们就都有了两种想法，甚至更多。这个生动的比喻说明了信息不会像物质一样因为共享而减少，相反，可能因为共享而衍生出更多的信息。

信息消费的共享性具体表现为网络化。在消费形态上，信息消费多是依托网络发生的，网络已经成为信息生产、供给与消费的综合平台。一点接入、全程服务的网络属性是信息消费成长壮大的基础。信息消费具有独特的网络效应，即信息产品和信息服务的价值在一定程度上取决于使用该项产品与服务的用户规模。用户数量越多，该项产品和服务的价值就越高，对消费者的效用和吸引力也就越大；反之，则越小。

2. 参与性

在信息社会里，由于信息网络十分发达，生产者与消费者之间的双向快捷的交流成为可能。消费者的需求信息被生产者（厂商）迅速掌握，生产者（厂商）就能根据消费者定制化的需求生产适销的产品，减少存货积压。在利用信息网络的数字经济领域，追加生产和销售成本的极大降低，可以使厂商大幅度地降低生产成本，提高收益，同时，又能为消费者进行多样化选择提供极大的便利，使其获得最大程度的满足。信息化使消费者与生产者之间的界限变得模糊，消费者可通过信息网络加入生产者的生产活动过程中去，参与商品的设计和质量监督。消费者与生产者共同创新，有利于增加信息和物质财富。生产工具设备和企业管理信息智能化，能有效降低生产成本，降低产品价格，从而极大地提高人们享受型的消费水平。

主要信息产品或服务的消费一般都由产生、传输、终端获取这三个环节联动完成，信息产品与信息服务的消费是紧密结合的，这种强结合性使得信息消费对自身产业的带动能力十分强劲。信息消费增长对信息产业有强劲的带动效应，反过来，信息产业的发展又通过乘数效应促进信息消费。

由于信息消费的大众化而使信息消费的参与性大大提高。例如，我国手机普及率已达到90%以上，智能手机替代功能手机的步伐越来越快。作为新兴信息产品消费代表的智能手机的广泛普及，将使得信息产品的生产者与消费者的互动与参与更为便捷，并激发新一轮的大规模的信息消费热潮。

3. 增值性

在信息经济时代，信息产品是人们消费的主要对象，而信息具有累积性和非消耗性。信息本身在使用过程中并不遵循越用越少的规律，而是越用越多，所以从总体上来说，随着消费信息化的提高，信息将不断增加。同时，在信息消费过程中，消费者要将已有的信息投入其中，作为消费的基础，把已有的信息与消费过程中获取的信息产品进行有机的结合与相互碰撞，即进行知识处理与知识再生。信息需求具有双重构建本质，信息需求与信息占有之间互为增长条件。因此，信息消费的过程，实质上也是一个信息不断创新和增值的过程。信息消费和其他消费的一个主要不同之处在于，信息消费没有过剩，只有不断升级。

喝一瓶水，只有你自己才能享受到这瓶水的价值，别人感觉不到这瓶水带来的价值，而且这瓶水不会因为你喝了它而增值（实际只会贬值）。而在具有网络效应的平台中，使用某信息产品的人越多，该产品增值就越大。比如微博和微信，当你看到越来越多的人使用微博和微信时，你就会感受到它的价值，并且更有动力使用微博和微信，因为朋友们都在用。由此，信息产品的增值也就越来越大。

二、我国信息消费的发展状况

在我国，物联网、云计算、大数据等新一代信息技术引领下的信息消费不仅颠覆了人们对消费的认知，而且成为拉动经济增长的动力引擎。信息数字化、网络化突破了人机交互的局限性，由此引起了整个社会商业模式的变革。作为新兴经济模式，信息消费释放的巨大活力深刻影响着社会经济发展的各个层面。第 45 次《中国互联网络发展状况统计报告》数据显示，信息技术在消费领域的带动作用显著增强，拉动相关领域产出达 15 万亿元。在带来经济效益的同时，信息消费也促进了互联网消费文化的延伸。消费文化是伴随着经济发展和技术进步而产生的一种追求符号意义、精神享受、心理满足以及人文交流的文化现象。在商品消费过程中，使用价值不再是人们关注的唯一标准，消费者逐渐开始从单纯的"购买"行为过渡到为"网络认同感""网络归属感"买单，商品背后所蕴含的符号象征和文化意义越来越成为人们进行消费的焦点。信息消费遵循着商品交易的内在法则，且兼具经济行为和文化行为双重属性。其通过互联网将消费与"时尚""流行"等元素相结合，用"文化盛典"带动信息生产和消费，是一个提供优质信息产品和服务，融合艺术表演、展览、互动的时尚秀场。

信息消费可同时容纳劳动密集型、技术密集型和资本密集型等各种生产要素结构以及物流、仓储、采购、订单管理等其他配套服务，能够带来巨大的市场机遇，从而为"三产"提供强有力的支持。

一是为农业发展提供新动能。信息消费引发农业领域最大的变革就是利用现代信息技术引入遍及全产业链的信息流，并以信息流为核心形成一个信息开放、共享和对称的农业互联网生态圈。在这个生态圈中，互联网技术涵盖了农业产业链的各个环节，促进了农村经济、社会各领域的深度融合。以电子商务为基础打造的农业互联网平台为整个农业产业链提供了强大的信息支持，形成了"信息流＋物流＋资金流"的良好资源生态链。第45次《中国互联网络发展状况统计报告》数据显示，截至2020年6月，我国电商直播、短视频及网络购物用户规模较3月份增长均超过5%。其中，电商直播用户规模达3.09亿人，较2020年3月增长4430万人，规模增速达16.7%，成为上半年增长最快的个人互联网应用，为促进传统产业转型、带动农产品上行提供了积极助力。

二是为制造业转型升级赋能。为落实《中共中央关于坚持和完善中国特色社会主义制度推进国家治理体系和治理能力现代化若干重大问题的决定》关于"健全劳动、资本、土地、知识、技术、管理和数据等生产要素按贡献参与分配的机制"的要求，各地充分利用数据易于复制、存储，可共享，消费倾向递增的特点，加快推动消费互联网向工业互联网渗透。数据是信息的基础，是信息消费的主要驱动力，是工业互联网产业生态培育的核心生产要素。作为大数据、互联网、智能管理等具有创新优势技术与传统制造业深度融合的产物，工业互联网这种新兴的技术聚合体是工业全要素衔接的枢纽，是工业资源配置的核心，其能够从整个产业链上对接生产市场和消费市场，进而推动生产模式从以生产者为中心向以消费者为中心转变，推动制造业由工业经济时代的单一化复制生产向信息经济时代的柔性化、定制化生产迈进。第45次《中国互联网络发展状况统计报告》数据显示，截至2020年6月底，5G终端连接数已超过6600万，三家基础电信企业已建设开通5G基站超40万个，工业互联网领域已培育形成超过500个特色鲜明、能力多样的工业互联网平台。截至2020年7月，我国已分配IPv6地址用户数达14.42亿人次，IPv6活跃用户数达3.62亿人次，排名前100位的商用网站及应用已经全部支持IPv6访问。

三是引领新兴服务业。以信息消费为主的服务业包罗万象，其行业跨度大，要素集中，具有资源消耗少、创新能力强、空间拓展广等特点。我国拥有最广阔的信息消费市场，信息消费的影响力与日俱增，并逐渐发展成为主流性消费方式。这不仅直接带动了消费规模和水平的整体提升，也激活了消费模式的创新思维，为新兴消费市场注入了活力。第45次《中国互联网络发展状况统计报告》数据显示，我国网上外卖、在线教育、网约车、在线医疗等数字服务蓬勃发展，用户规模分别达 4.09 亿人次、3.81 亿人次、3.40 亿人次和 2.76 亿人次，占网民整体的比例分别为 43.5%、40.5%、36.2% 和 29.4%。在满足网民需求的同时，也为服务业的数字化发展提供了助力。

三、信息消费升级与经济发展

信息消费作为新的消费领域，不仅是消费的组成内容，而且对满足人民群众生活需求、提高经济发展质量、推动国内市场发展具有重要作用。信息消费是消费对象用间接或直接的信息产品达成销售的活动，是增长速度最快、创新度最活跃、辐射范围最广的消费领域。

（一）信息消费升级兴起，"新经济业态"应运而生

目前，中国信息消费需求强势释放，生态结构日渐成熟，快速增长的信息消费群，使共享付费成为常态。同时，还出现了持续迸发的共享创新、提质升级的消费趋势与新型智能硬件。

1. 信息消费需求强劲释放

在经济社会与互联网技术深度融合下，中国 ICT（信息与通信技术）产业发生了很大的改变。根据 2019 年 3 月中国信息通信研究院发布的《中国信息消费发展态势及展望报告（2019 年）》显示，2018 年 ICT 总产值达 24 万亿元；2018 年，我国信息消费规模约为 5 万亿元，在最终消费支出中占比超过 10%。在软件业、互联网与电信业快速发展的同时，信息服务和信息产品供给不仅丰富多样，而且释放了消费潜力。到 2018 年年底，信息服务消费在信息消费规模中占比达 52%。

2. 信息消费创新生态形成

在信息服务上，线下线上融合俨然成为主流营销模式。教育培训、医疗养老、交通文化都出现了线上线下融合的消费闭环，以满足不同人群的需求。例如，智能零售，从萌芽到快速发展，依靠的是人工智能、大数据以及物联网技术，以促进经营模式、理念和支付模式的转变，将人工运营升级为全数字运营。在信息产品上，智能终端成绩显著，民营企业崛起，无人机销售量全球领先。

3.信息消费支撑力度提高

对于固定宽带网络，随着全光网升级，地级市已经成为光网城市。根据 2020 年 2 月 27 日工信部发布的《2019 年通信业统计公报》显示，截至 2019 年 12 月底，我国互联网宽带接入端口数量达到 9.16 亿个，比上年净增 4826 万个。其中，光纤接入端口比上年净增 6479 万个，达到 8.36 亿个。对于基础设备，在大数据、云计算、人工智能与物联网的带动下，基础设备的服务能力大幅度升级；对于智慧物流，在数字技术的赋能下，根据国家邮政局公布的数据显示，2018 年，全国快递业务量累计完成 507.1 亿件，同比增长 26.6%。

4.消费扩大升级速度加快

为发展信息消费，政府已经从政策上发力。2019 年 4 月，工业和信息化部印发《信息消费示范城市建设管理办法（试行）》的通知，在全国范围内深入开展信息消费示范城市建设工作。此举不仅提高了地方政府发展信息消费的积极性，也发挥了地方资源优势。通过持续开展信息消费示范项目，信息消费环境将逐步优化，从而为其发展提供保障。在市场监管上，"放管服"改革将逐步深入，政府以包容审慎的态度，助推新模式发展，以提高信息消费活力。

5.新兴消费群体快速崛起

商业化与数字化刺激消费者购买力，促使其转变消费行为模式，"80 后"作为互联网消费的主力，"90 后"的迅速崛起，线上消费逐年升高，逐渐成为消费升级的驱动力。"90 后""00 后"作为新一代消费群体呈现出懒人经济、重体验、趣味优先等特征，影响着消费走向。"90 后"作为智能家居消费主力，智能化、网络化极大地满足了他们对品质的要求，从而成为新一轮经济增长点。与此同时，共享付费模式兴起，信息消费进入 2.0 时代，大量用户开始为教育、视频、游戏、音乐等知识产品付费。

（二）信息消费升级为经济发展"蓄势"的表现

信息消费作为辐射最广、增长最快的消费领域，正在以突飞猛进的速度增长，未来区块链、人工智能、大数据、5G 将逐步成熟，带来全新的业态变化，为经济发展"蓄势"。

1.刺激商品消费增长

信息作为消费者与企业的"黏合剂"，能够实现供需匹配。例如，企业通过相关信息技术，精确地提炼用户需求，并加大产品研发力度，设计出满足用户需求的信息产品，为不同群体提供相应的产品；企业通过优化工艺流程、减少成本、改善服务与产品质量，提高消费者满意度。

2.突破消费增长瓶颈

集服务业与数字技术为一体的在线教育、电子商务、共享经济以及互联网医疗等新兴业态与模式，极大地提高了服务水平和效率，打破了传统服务业的发展瓶颈，实现了服务消费的快速增长。随着"5G+VR"消费新模式的推广，根据国家统计局公布的数据显示，2020年第一季度，在我国高技术服务业中，电子商务服务投资增长39.6%，专业技术服务投资增长36.7%。

3.支撑消费环境优化

利用数字技术优化信息消费环境，改善消费结构与供给。例如，各类电商平台与搜索引擎既获得了信息，又减少了不对称信息；搭建并使用数据库，可以在消费者与企业之间搭建信任的基石。在数字技术的带动下，支付、交易和物流更加便捷，消费规模不断增长。2019年前三季度，我国信息消费规模近4万亿元，2019年1~10月，规模以上互联网和相关服务企业完成业务收入9902亿元，同比增长21%。

4.带动新增产出与就业

面对新增的产出效应，信息消费已经全面覆盖到各个产业。对于新增就业这个板块，信息消费是信息产业与消费者的重要纽带，能创造大量就业岗位，助推产业升级与改造，从而产生全新的就业模式。2020年5月14日，中国信息通信研究院政策与经济研究所、腾讯微信团队共同发布的《2019~2020微信就业影响力报告》显示，2019年微信带来的信息消费总规模约为3238亿元，同比增长34.8%，拉动传统消费5966亿元。

（三）推动信息消费升级以促进经济发展的策略

1.建设宽带城市，打造城市信息消费产业链

打造集服务、研发、应用与生产"四位一体"的消费产业链，将数字技术作为基础，优化信息消费机制，促进"三网融合"与产业升级。形成以用

兴业、民生为先的信息消费模式。对于信息消费，结合消费升级、网络、生态、环境以及市场进行信息产品和服务供给。

2.建设基础设施，促进农村居民信息消费可持续发展

提高农村居民文化水平，缩短甚至消除城乡居民之间的"数字鸿沟"，利用信息消费券以及奖励政策，帮助农民降低有线电视使用年费、电脑入网费等，优化农村网络建设，结合农村居民对影视、科技、旅游的需求，提高信息服务的可获得性，扩充消费市场，增加产品供给，拓宽信息传播途径。

3.给予消费支持，提高信息消费者消费能力

挖掘信息消费者需求，升级信息终端，打造安全、高效、有序的消费环境；扩充信息消费试点城市范围，通过虚拟技术，做好对信息消费者的培训工作，提高信息消费者的风险防范意识与识别能力；优化信息消费结构，打好促进信息消费发展的基础。例如，对于新增的5G用户，北京补贴超1亿元，通过终端与流量补贴，刺激人们消费。

4.培育消费需求，增强信息产品供给动力

面对疫情，积极挖掘信息行业优势，升级信息消费，培育新型消费热点，扩大发展动能；以信息基础设施建设为基准，深化信息消费与5G的融合力度，培育新消费与新业态；以个人家庭与行业信息消费为依据，加快基础设施建设与产品供给能力，从交通文旅、医疗教育、工业等角度发展信息消费；以政策扶持为背景，降本提质，助推信息消费；以监测机制为准则，建立信息消费评价体系，从国际拓展、产品孵化、消费标准等方面，创新信息消费模式。

5.迎合"新零售"发展，推动信息消费环境适宜化

加快企业智能化改造与数字化转型进度，对在疫情下产生的新模式、新业态进行总结，结合新型终端服务与物流模式，打造"无接触新零售"的服务模式。深化"放管服"改革，创新信息消费业态，树立诈骗防范与安全意识，扩充专项信息消费资金；构建政府引导、多种形式的融资体系，以解决资金不足的问题。通过工业互联网分析市场变化，让实体经济逐步实现网络化、数字化与智能化。加快"企业上云"，助推集群化发展，以带动传统产业创新性发展；加大产品研发力度，全面营造良好的信息消费环境。

6.加大对信息消费失范现象的打击力度，营造良好的信息消费环境

营造构建良好的信息消费环境，制度要先行。面对信息消费失范问题日

趋严重的现实，只有在公平与正义的最佳平衡点实施法律约束，最大限度地保护知识产权，才能全面提升信息监管能力和信息安全防护水平。应建立并完善信用信息共享机制，加强对互联网个人隐私信息的保护，防止个人信息及重要数据外泄。应不断提高信用服务行业主体的竞争力，坚决执行安全准入制度，完善社会信用管理体系，弘扬诚信文化。

软件盗版之所以屡禁不止，最主要的原因还是缺乏核心产品。应有效解决产业核心技术创新、产业人才引入培养、产业生态建设以及产业金融保障等关键性问题，打破产业垄断，创新自主知识产权，树立具有国际影响力的自主软件品牌，为信息产品、技术和服务提供安全保障和持久更新的动力，维护信息提供者的合法权益和经济利益，提高其研发、生产的积极性。

应积极探索市场运行规律，坚定不移地消除发展过程中存在的自发性、盲目性与滞后性等干扰因素，有效预防消费过程中出现的信息污染、信息泛滥、恶性竞争等信息失范现象。应加强法律约束效力，规范信息消费环境，消除信息不对称，保障消费者知情权，为信息消费可持续性发展构建起安全屏障。

第四章　消费者行为的特征分析

第一节　消费者的购买动机

一、动机的含义与特征

（一）动机的含义

心理学将动机定义为引发和维持个体行为并导向一定目标的心理动力。动机是一种内在的驱动力量。当个体采取某种行动时，总是受到某些迫切需要实现的意愿、希望和要求的驱使，而这些内在的意愿、希望和要求具有能动的、积极的性质，能够激发和驱动特定行为的发生，由此就构成该行为的动机。通常，人们在清醒状态下实施的任何行为都是由动机引起和支配的，并通过动机导向预定的目标。消费者的消费行为也是一种动机性行为，其所从事的购买行为直接源于各种各样的购买动机。购买动机指的是消费者为满足自己一定的需要，而引起购买某种商品或劳务的愿望或意念。

（二）动机的特征

与需要相比，消费者的动机较为具体直接，有着明确的目的性和指向性，同时也更加复杂。

1.主导性

在现实生活中，每个消费者都同时具有多种动机。这些复杂多样的动机之间以一定的方式相互联系，构成完整的动机体系。在动机体系中，各种动机所处的地位及所起的作用各不相同。有些动机表现得强烈、持久，处于支配性地位，属于主导性动机；有些动机表现得微弱而不稳定，处于依从性地位，属于非主导性动机。一般情况下，人们的行为是由主导性动机决定的，尤其是当多种动机之间发生矛盾冲突时，主导性动机往往对消费行为起支配作用。

2.可转移性

可转移性是指消费者在购买过程中，由于新的消费刺激出现而发生动机转移，原来的非主导性动机由潜在状态上升为主导性动机的特性。现实生活中，许多消费者改变预订计划，转而购买其他商品或品牌的现象，就是动机发生转移的结果。例如，某消费者本欲购买羽绒服，但在购买现场得知皮衣降价销售，降价刺激诱发了其潜在的求奢动机，遂转而决定购买皮衣。有时，动机的改变可能是由于原有动机在实现过程中受到阻碍。例如，因餐馆卫生状况不佳，消费者追求美食的动机受到抑制，维护健康安全的非主导性动机转而占据主导地位，导致就餐行为终止。

3.组合性

当动机实现为行为时，有的动机直接促成一种消费行为，如在饥饿状态下，觅食动机会直接导致寻找和摄取食物的行为；而有些动机则可能促成多种消费行为的实现。例如，展示个性、显示自身价值等较复杂的动机会推动消费者进行购买新潮服装、名牌化妆品、高档家具以及收藏艺术品等多种行为。某些情况下，还有可能由多种动机支配和促成一种消费行为。例如，城市居民购置房产，就可能出于改善住房条件、投资增值、遗赠子女等多种动机。由此可见，动机与消费行为之间并不完全是一一对应的关系。同样的动机可能产生不同的行为，而同样的行为也可以由不同的动机所引起。

4.内隐性

在现实生活中，消费者的动机并不总是容易捕捉和觉察的，其真实动机经常处于内隐状态，难以从外部直接观察得知。事实上，消费者经常出于某种原因而不愿让他人知道自己的真实动机。动机的内隐性还可能由于消费者对自己的真实动机缺乏明确意识，即动机处于潜意识状态，这种情况在多种动机共同驱动一种行为时经常发生。例如，某消费者购买一副高档眼镜的主要动机是为了保护眼睛，同时，也可能持有增加魅力和风度，或者掩盖眼部缺陷等其他潜在动机。

5.冲突性

当消费者同时具有两种以上的动机且共同发生作用时，动机之间就会发生矛盾和冲突。这种矛盾和冲突可能是由于动机之间的指向相悖或相互抵触，也可能是由于各种消费条件的限制。人们的欲望是无止境的，而拥有的时间、金钱和精力却是有限的。当多重动机不可能同时实现时，动机之间的冲突就不可避免，而冲突的本质是消费者在各种动机实现所带来的利害结果中进行权衡、比较和选择。

二、消费者购买动机的分类

（一）消费者的一般购买动机

由于消费者需要和外在影响因素的多样性，购买动机的表现十分复杂多样，但是，在现实生活中，消费者的购买动机又呈现出一定的共性和规律性。不论购买个体在购买动机上表现出多么大的差异，共性和规律性都始终存在。在这个问题中，我们把消费者在各种消费活动中普遍存在的购买动机概括为两种类型。

1.生理购买动机

生理购买动机是指消费者为保持和延续生命有机体而引起的各种需要所产生的购买动机。这种购买动机是建立在生理需要的基础之上的。具体可以分为四种类型：

（1）维持生命的购买动机

消费者饥时思食、渴时思饮、寒时思衣所产生的对食品、饮料、衣物等的购买动机均属于这一类。

（2）保护生命的购买动机

消费者为保护生命安全的需要而购买商品的动机。例如，为建筑房屋购买建筑材料、为治病而购买药品的动机等，就属于这一类。

（3）延续生命的购买动机

消费者为了组织家庭、繁殖后代、哺育儿女的需要而购买有关商品的动机，就属于这一类。

（4）发展生命的购买动机

消费者为使生活过得舒适、愉快，为了提高科学文化知识水平，为了强身健体而购买有关商品的动机，就属于这一类。

2.心理购买动机

心理购买动机是指由消费者的认识、情感、意志等心理过程引起的购买动机，具体包括情绪动机、情感动机、理智动机和惠顾动机。

（1）情绪动机

情绪动机是由人的喜、怒、哀、乐、欲、爱、恶、惧等情绪引起的购买动机。情绪动机推动下的购买行为，一般具有冲动性、情景性和不稳定性的特点。

（2）情感动机

情感动机是由人的道德感、理智感和审美感等人类高级情感而引起的购买动机。这类动机推动下的购买行为，一般具有稳定性和持久性的特点。

（3）理智动机

理智动机是建立在消费者对商品客观、全面认识的基础上，对所获得的商品信息经过分析、比较和深思熟虑以后产生的购买动机。理智动机推动下的购买行为，具有客观性、周密性和控制性的特点。

（4）惠顾动机

惠顾动机是建立在以往购买经验的基础之上，对特定的商品、品牌、商店等产生特殊的信任和偏爱，使消费者重复地、习惯性地前往购买的一种购买动机。消费者个人的购买活动体验对惠顾动机的形成有着重要影响，惠顾动机推动下的购买行为，具有经验性、稳定性和重复性的特点。

（二）消费者的具体购买动机

1.求实动机

求实动机是指消费者以追求商品或服务的使用价值为主导倾向的购买动机。在这种动机支配下，消费者在选购商品时，特别重视商品的质量、功效，要求一分钱一分货。相对而言，对商品的象征意义、所显示的"个性"、商品的造型与款式等不是特别注重。例如，在选择布料的过程中，当几种布料价格接近时，消费者宁愿选择布幅较宽、质地厚实的布料，而对色彩是否新颖、是否流行等给予的关注度相对较少。

2. 求新动机

求新动机是指消费者以追求商品、服务的时尚、新颖、奇特为主导倾向的购买动机。在这种动机支配下，消费者选择产品时，特别注重商品的款式、色泽、流行性、独特性与新颖性，相对而言，产品的耐用性、价格等成为次要的考虑因素。一般而言，在收入水平比较高的人群以及青年群体中，求新的购买动机比较常见。改革开放初期，我国上海等地生产的雨伞虽然做工考究、经久耐用，但在国际市场上，却竞争不过新加坡生产的雨伞，原因是后者生产的雨伞虽然内在质量一般，但款式新颖，造型别致，色彩纷呈，能迎合欧美消费者在雨伞选择上以求新为主的购买动机。

3. 求美动机

求美动机是指消费者以追求商品欣赏价值和艺术价值为主要倾向的购买动机。在这种动机支配下，消费者选购商品时特别重视商品的颜色、造型、款式、包装等因素，讲究商品的造型美、装潢美和艺术美。求美动机的核心是讲求赏心悦目，注重商品的美化作用和审美效果，它在受教育程度较高的群体以及从事文化、教育等工作的人群中是比较常见的。

4. 求名动机

求名动机是指消费者以追求名牌、高档商品，借以显示或提高自己的身份、地位而形成的购买动机。求名动机形成的原因实际上是相当复杂的。购买名牌商品，除了显示身份、地位、财富和表现自我等原因以外，还隐含着减少购买风险、简化决策程序和节省购买时间等多方面的考虑因素。

5. 求廉动机

求廉动机是指消费者以追求商品、服务的价格低廉为主导倾向的购买动机。在求廉动机的驱使下，消费者选择商品以价格为第一考虑因素。他们宁肯多花体力和精力，多方面了解、比较产品价格差异，选择价格便宜的产品。相对而言，持求廉动机的消费者对商品的质量、花色、款式、包装、品牌等不是很注重，而对降价、折让等促销活动具有较大兴趣。

6. 求便动机

求便动机是指消费者以追求商品购买和使用过程中的省时、便利为主导倾向的购买动机。在求便动机支配下，消费者对时间、效率特别重视，对商品本身则不甚挑剔。他们特别关心能否快速方便地买到商品，讨厌过长的候购时间和过低的销售效率，对购买的商品要求携带便捷，便于使用和维修。一般而言，成就感比较高、时间机会成本比较大、时间观念比较强的人，更倾向于持有求便的购买动机。

7. 模仿或从众动机

模仿或从众动机是指消费者在购买商品时自觉不自觉地模仿他人的购买行为而形成的购买动机。模仿是一种很普遍的社会现象，其形成的原因多种多样。有出于仰慕、钦羡和获得认同感而产生的模仿；有由于惧怕风险、保守而产生的模仿；有缺乏主见或随波逐流而产生的模仿。不管出于何种缘由，持模仿动机的消费者，其购买行为受他人影响比较大。一般而言，普通消费者的模仿对象多是社会名人或其所崇拜、仰慕的偶像。电视广告中经常出现某些歌星、影星、体育明星使用某种产品的画面或镜头，目的之一就是要刺激受众的模仿动机，从而促进产品销售。

8. 好癖动机

好癖动机是指消费者以满足个人特殊兴趣、爱好为主导倾向的购买动机。其核心是为了满足某种嗜好、情趣。具有这种动机的消费者，大多出于生活习惯或个人癖好而购买某种类型的商品。例如，有些人喜爱养花、养鸟、摄影、集邮，有些人爱好收集古玩、古董、古书、古画，还有人爱好喝酒、饮茶。在好癖动机支配下，消费者选择商品往往比较理智，比较挑剔，不轻易盲从。

以上我们对消费者在购买过程中呈现的一些主要购买动机做了分析。需要指出的是，上述购买动机绝不是彼此孤立的，而是相互交错、相互制约的。在有些情况下，一种动机居于支配地位，其他动机起辅助作用；在另外一些情况下，可能是另外的动机起主导作用，或者是几种动机共同起作用。因此，在调查、了解和研究过程中，对消费者的购买动机切忌做静态和简单的分析。

三、消费者购买动机与市场营销

（一）消费者购买动机的影响因素

1. 消费者自身因素

消费者购买行为首先受其自身因素的影响，这些因素主要包括：消费者的经济状况，即消费者的收入、存款与资产、借贷能力等；消费者的职业和地位，不同职业的消费者，对于商品的需求与爱好往往不尽一致；消费者的年龄与性别；消费者的性格与自我观念。

2. 商品本身的因素

商品的使用价值是消费者购买的核心内容，因此，商品本身是影响消费者购买动机最主要的因素。商品要符合消费者当时的消费心理和消费目的，能满足消费者需要的使用价值和审美需求。

3. 社会因素

影响消费者购买动机的社会因素包括文化因素、社会阶层、相关群体等。

（二）消费者购买动机的激发

1. 努力开发有特色的商品

消费者各有所好。随着社会经济的发展和人们生活水平的提高，人们对产品的需求趋于多元化。开发有特色的商品有利于吸引消费者的眼球，刺激消费者进行消费。

2. 利用广告宣传，向消费者传递信息

广告是一种信息传播活动，任何广告的本质属性都是通过一定的媒体向社会大众传播一种信息。广告是最大、最快、最广泛的信息传递媒介，能激发和诱导消费、较好地宣传介绍产品知识，并促进新产品、新技术的研发生产和推广。

3. 发挥购物环境和营业员的服务水平对消费者购买动机的诱导作用

基于营业员礼貌周到、信誉良好、提供信用及劳务，商品品种繁多、价格适当，商店地点便利、店面布置美观等因素，消费者会产生购买动机。

（三）针对不同消费者动机的营销策略

探询消费者购买动机最简单的方法，就是直接询问。市场研究人员可直接询问消费者选择、购买以及使用某个或者某类商品的原因，这种方法可用于常规性的调查项目。例如，在针对某品牌服装的调查中，可以直接询问消费者"在众多品牌中，您为什么会选择这个品牌"？消费者的答案可能有"因为这个品牌的代言人是某某，我很喜欢这个明星"，"这个品牌的质量好，又好看，穿着舒服"，"衣服都差不多，这个牌子在我家附近就有专卖店"，等等。对这些答案进行总结和归纳，就可得出消费者购买此品牌服装的动机受"名人效应""产品功能"或者"购买方便"等因素影响。此外，由于消费者有时不愿意说出自己的购买动机，或者不能清楚地表达自己的购买动机时，研究人员还可采用投射法来了解消费者的购买动机。例如，告知消费者一个品牌或广告词，让其说出第一个联想到的单词或一系列联想到的单词，或者让消费者填充句子。如女性消费者购买某某化妆品是因为什么，或者要求消费者依据某种规则对提供的品牌或产品进行选择或排序。然后调查员记录消费者说出的这些单词及反应的时间以及消费者填充的内容和排序的先后，用以研究消费者的真实想法。在市场研究中，投射法常要求被调查者帮助他人在一种特定情况下进行决策。这样，虽然被调查者有时不愿意承认或者说出自己的态度和意愿，却在推断他人的动机和目的时，不自觉地把自己的动机和态度表达了出来。

当发现消费动机以后，必须针对这些动机设计营销策略，包括产品设计、营销方案等。首先，由于动机往往是多重的，因此，产品应呈现多种优势，产品广告应传达多重优点的信息。其次，不同的产品或品牌能满足消费者不同的动机，所以营销策略必须有针对性和目的性。

1.基于多重动机的市场营销策略

当消费者购买一种产品或者消费一种服务时，并不仅仅是受一种动机的驱使，可能会有多种动机。消费者会通过购买一种产品来满足个体的多种需要。企业常常需要根据多重动机的现象来开发商品，以及进行相关商品的营销。

首先，企业根据消费者的多重动机来开发商品。这类营销通常是在一种产品中复合多种功能，来满足消费者的多种需要。其次，企业还可以根据消费者的多重动机来进行组合营销。通过产品捆绑策略，在满足消费者多重需要的同时，也提升了品牌价值和核心竞争力。

2.基于动机冲突的市场营销策略

动机冲突是指消费者面临两个或两个以上购买动机，其诱发力大致相等但方向相反。例如，消费者经常会面临几种同时欲求的产品、服务或活动难以取舍的问题。消费者如何解决其面临的冲突，直接影响产品、服务的销售。许多情况下，企业可以对消费者面临的冲突进行分析，提供缓解的办法，以吸引消费者选择本企业的产品或品牌。动机冲突的形式主要有双趋式冲突、双避式冲突、趋避式冲突。

（1）双趋式冲突

双趋式冲突也称"利利冲突"，或者"正正冲突"。它是指消费者有两种或者两种以上的消费动机，这些动机都会给消费者带来相应的利益，但由于某种原因，无法同时满足这些动机，只能实现其中的一种，这就是双趋式冲突。例如，在购买过程中，购买者对于两种不同产品的质量、款式、功能、价格都觉得难分伯仲或各有千秋，一种可能款式新、质量好，另一种可能价格低、经济实惠，也可能质量、款式、价格、功能都比较接近。因此，购买者就难以决断到底购买哪一种比较好。两种被选目标和相应商品的诱发力和激励越大，动机的冲突就越强。

对于双趋型冲突，可以通过增加产品的吸引力来解决。例如，在广告宣传中强化购买此产品能得到的价值与利益，或通过打折促销等方式吸引消费者。在消费者购买产品的决策过程中，起决定因素的就是产品的视觉表现力。良好的商品展示效果会带给消费者一种赏心悦目的感受，从而引发其消费欲望。特别是在有相似竞争品牌存在的市场，提高产品的展示效果更为重要。因为大多数消费者的大部分购买行为为无计划消费，许多消费者是在看到产品实物陈列后才临时决定购买。因此，好的产品展示，从短期看，能通过视觉冲击力诱导消费者实现购买行为；从长期看，能促使消费者产生积极的品牌联想，形成良好的品牌记忆，最终提升品牌的价值和形象，甚至实现消费者重复购买的良性循环。

（2）双避式冲突

双避式冲突是指消费者有两种或两种以上的消费动机，这些动机都会给消费者带来不利的后果以及利益上的损失，但消费者不能同时规避这些不利的后果与损失，只能规避其中的一种，这就是双避式冲突，也称"负负冲突"，或者"害害冲突"。如有的消费者对于电器发生故障的时候，既舍不得花钱去买一个新的，又觉得付费修理不划算，这个时候就产生了双避式冲突。

针对这种双避式冲突，企业可采用以旧换新的方式，让消费者在花更少的钱买到新产品的同时，又能充分利用旧产品的价值。

（3）趋避式冲突

趋避式冲突也称作"正负冲突"，或者"利害冲突"，指消费者面临一个积极与消极并存的情境，一种消费行为既带来利益，同时，也带来负面情况，这就出现了动机的正负冲突，是消费者在趋近某一目标时又想避开而造成的动机冲突。当产品既有令人动心的特征，又有某些不尽如人意的地方时，趋避式冲突就会由此而生。例如，当普通大众购买某些高档品牌的时候，并不能像有钱人一样豪掷千金，所以在购买的时候会再三考量商品的价格，以及买了之后质量是否有所保证，一旦出现故障，售后服务能否妥善解决。一些消费者正是在这种摇摆不定的状态下放弃了购买。

企业针对趋避式冲突可提供更长时间的免费售后服务，提供更多有价值的小赠品，保证在一定时期内如果购买者发现商家以更低价格出售同一产品，就多倍返回差价等。

第二节　消费者的注意、感觉和知觉

一、消费者的注意

（一）注意的含义

注意是人的心理活动对外界一定事物的指向与集中。它是伴随着感知觉、记忆、思维等心理过程而产生的一种心理状态。消费者的购买活动一般以注意为开端，在心理活动开始后，注意仍伴随着心理活动，维持心理活动的指向性和集中性。例如，消费者在选择商品时，其心理活动总是集中在购买目标上，全神贯注地将心理活动稳定在所选择的商品上，这时，他会对商场内的噪声、喧哗、音乐等干扰进行抑制，以获得对所选商品的全面、准确的了解，继而决定是否购买。

（二）注意的功能

注意是一种复杂的心理活动，它使消费者的心理活动处于一种积极的状态并使之具有一定的方向。从这个角度来说，注意有三种功能。

1. 选择功能

注意的基本功能是对信息进行选择，使心理活动选择有意义的、符合需要的和与当前活动任务相一致的各种刺激，避开或抑制其他各种无关的刺激。注意的选择功能表现为对心理活动对象的指向上，反映心理活动对象的内容和范围。

2. 保持功能

当外界大量的信息输入后，每种信息单元必须经过注意才能得到保持。如果不加注意，就会很快消失。因此，需要将注意对象的映像或内容保持在意识之中，一直到完成任务，达到目的为止。注意的保持功能主要表现为对心理活动对象的集中上。

3. 调节监控功能

注意，特别是有意注意可以控制心理活动向特定的目标或方向进行，使注意适当分配和适时转移。工作和学习中的错误和事故一般都是在注意分配或注意没有及时转移的情况下发生的。苏联心理学家加里培林把注意称为"智力监督动作"。

（三）注意的特征

在消费实践中，消费者的注意经常表现出一系列活动特征。

1. 注意广度

注意广度又称为注意范围，是指消费者在同一时间内所能清楚把握消费对象的数量。在多个消费对象中，消费者往往只能同时注意到少数几个对象。实验表明，成人在1/10秒的时间内能注意到4～6个彼此无联系的物体或符号，而幼童只能注意到2～3个。但是，如果消费对象的位置集中，相互之间具有内在联系，消费者的注意范围就会扩大。

2. 指向性

注意分配指消费者能在同一时间内把注意分配到两种或两种以上的消费对象或活动上，注意具有指向性。例如，在注意收听广播广告的同时，注意观察某种商品。注意分配的重要条件是，在同时存在的两种以上的消费对象中，只能有一种是消费者不太熟悉的，需要集中注意进行感知或思考，其他则相对熟悉或了解，无须过分注意。注意紧张指消费者集中注意一定对象时聚精会神的程度。当消费者进入紧张注意状态时，他的意识会极其清晰和鲜明地反映这一对象；同时，其他对象会远离注意中心。此时，消费者的注意范围和注意分配能力都有所降低，但是注意的效果则显著提高。长时间高度的紧张注意会引起疲劳，注意力便趋于分散。注意分散是指消费者无法控制和集中自己的注意力。这种情况通常发生在生理疲劳、情绪激动或意志薄弱的消费者身上。当处于注意分散状态时，消费者对商品的感知和思考能力都会大大降低。

3. 稳定性

注意稳定指消费者在一定时间内把注意保持在某一消费对象或活动上。稳定是与分散相反的注意状态。显然，当消费者稳定地保持注意时，他对商品的了解将更加全面、深入。消费者能否保持注意稳定与消费对象是否单调枯燥具有一定的关系，但主要取决于消费者的主观状态和意志努力。

4. 注意转移

注意转移指消费者根据新的消费目标和任务，主动把注意力从一个对象转移到另一个对象上。转移注意力是一种有意识的、需要意志加以控制的注意状态，它要求消费者具备较高的灵活性和适应性。如果能迅速自如地转移注意力，将有助于消费者更好地适应外部环境的变化，高效率地从事消费活动。

（四）注意的分类

根据注意的产生有没有预定目的与保持注意时是否需要意志努力，可以把注意分为无意注意、有意注意和有意后注意。

1. 无意注意

无意注意也叫不随意注意，是指事先没有预定目的、也不需要做意志努力的注意。这种注意的产生和维持，不是依靠意志努力，而是人们自然而然地对那些强烈的、新颖和感兴趣的事物所表现的心理活动的指向和集中。

2. 有意注意

有意注意也叫随意注意，是指事先有预定目的的、必要时还需做一定意志努力的注意。有意注意主动地服从于既定的目的和任务，它受人的意识的自觉调节和支配。有意注意的客体不易吸引人的注意，但它又是应当去注意的事物。因此，要使意识集中在这种对象上，就必须经过一定的意志努力。例如，青年工人在开始学习机床操作时，对于操作过程还没有掌握，操作动作也还不熟练，稍不注意就会出废品或发生事故，掌握动作熟练的过程又是一种单调的学习，所以他必须通过意志努力，克服一定的困难，才能把注意集中在当前的操作上，特别是在容易发生差错的地方。

3. 有意后注意

有意后注意指事前有预定的目的，不需要意志努力的注意。有意后注意是注意的一种特殊形式。它一方面类似于有意注意，因为它和知觉的目的、任务相联系；另一方面类似于无意注意，因为它不需要人的意志努力。

有意后注意是个人的心理活动对有意义、有价值的事物的指向和集中，它是在有意注意的基础上发展起来的。人们开始从事某项生疏的或不感兴趣的活动时，需要一定的意志努力才能保持注意。经过一段时间，对这项活动十分熟悉后，就可以不需意志努力而保持注意。

无意注意、有意注意和有意后注意在实践活动中紧密联系，协同活动。无意注意在一定条件下可以发展为有意注意，有意注意可以发展为有意后注意。

（五）注意与消费者行为

1. 利用有意注意和无意注意的关系，创造更多的销售机会

在实际活动中，人的无意注意和有意注意是相互联系、相互转换的。而消费者在商场购物时，因为需要走路，需要长时间处于有意注意状态中，容易感觉疲劳。营销人员就可以利用现代大型零售商厦集购物、餐饮、健身和休闲为一体的特点，配以主题营销策略，使消费者在购物活动中时而有意注意，时而无意注意，时而忙于采购，时而消遣娱乐。这种多元化经营有利于延长消费者在商场停留的时间，不仅可以创造更多的销售机会，而且也使消费者自然而然地进行心理调节，感到去商场是一件轻松的乐事。

2. 发挥注意心理功能，引发新的消费需求

正确地运用和发挥注意的心理功能，可以使消费者实现由无意注意到有意注意的转换。例如，大部分消费者在接受广告宣传时都是处于无意注意状

态之中，特别是广播广告和电视广告，往往是在无意注意状态中被强烈刺激之后，才能引起消费者注意的转换。营销人员了解到这个现象之后，就要千方百计地增强广告的效果，使消费者的无意注意转换为有意注意。

二、消费者的感觉

（一）感觉的含义与分类

1. 感觉的含义

感觉是人脑对直接作用于感觉器官的客观事物的个别属性的反映。例如，嗅到气味，尝到滋味，看到颜色，听到声音，摸到物体，这都是感觉。感觉不仅反映外界事物的个别属性，而且也反映有机体本身的活动（躯体的运动和位置、内部器官的状况等）。例如，我们感觉四肢屈伸、饥饿、饱胀等。在现实生活中，人们通过各种感觉器官（眼、耳、鼻、舌、身各部位、皮肤等）与客观事物接触，在大脑中形成视觉、听觉、嗅觉、味觉和触觉印象，就是感觉。

2. 感觉的分类

客观事物千差万别的不同属性作用于人的感觉器官，便产生了不同的感觉。根据感觉的性质可以把感觉分为两大类，即外部感觉和人体内部感觉。外部感觉指接受外部刺激、反映外界事物个别属性的感觉，包括视觉、听觉、味觉、嗅觉和触觉。内部感觉指接受机体本身的刺激，反映机体的位置、运动和内部器官不同状态的感觉，包括位置觉（又称平衡觉）、运动觉和机体觉三种。

（二）感觉的特性

感受性的变化又称感觉的特性。根据人和环境的相互作用、多种刺激物的影响以及人体自身多种感官的相互作用，人的感受性是不断变化的。

1. 适应性

感觉适应性是指随着刺激物持续作用时间的延长，而使感受性发生变化的现象。适应性是一种普遍的感觉现象，它既可以提高感受性，也可以降低感受性。我国古代有句谚语："入芝兰之室，久而不闻其香；入鲍鱼之肆，久而不闻其臭。"这是感受性的降低。如果我们从强光下走进暗室，起初什么也看不见，经过几分钟，就能看到周围的东西，这是感受性的提高。显然，适应性引起的感受性降低，对企业在市场营销中不断激发消费者的购买欲望是不利的。要改变这一现象，使消费者保持对消费刺激较强的感受性，就要调整消费刺激的作用时间，经常变换刺激物的表现形式。

2.对比性

感觉对比性是指感受器因同时有两种刺激或先后相继的两种刺激，引起感受性发生变化的现象。同样明度、同样大小的方格，分别放在同样大小的白色和黑色的背景下，人们会感到放在白色背景上的方格比在黑色背景上的要黑一些。在商店布局中也有类似的现象存在，这就提醒营销人员要有效地利用感觉对比来刺激消费者需求。

3.联觉性

感觉联觉性指一种感觉引起另一种感觉的心理过程。消费者在同时接受多种消费刺激时，经常会出现由感觉间相互作用引起的联觉现象。

人体各感觉器官的感受性不是彼此隔绝的，而是相互影响、相互作用的。即一种感官接受刺激产生感觉后，会对其他感觉器官的感受性产生影响，这种现象就是联觉。消费者在同时受到多种消费刺激时，经常会出现由感觉间相互作用引起的联觉现象。例如，在优雅柔和的音乐声中挑选商品，对色泽的视觉感受力会明显提高；进餐时赏心悦目的各色菜肴会使人的味觉感受增强。巧妙运用联觉原理，可以有效地对消费者行为进行调节和引导。英国一家公司根据人的嗅觉位于大脑的情感中心，气味可以通过情感中心对人的态度和行为产生强烈影响的原理，专门为商店提供可以给人带来宁静感的气味，以便诱使顾客延长停留时间，产生购买欲望。

（三）感觉与消费者行为

1.感觉使消费者获得对商品的第一印象

感觉是消费者认识商品的起点。通过感觉，消费者才能认识和分辨商品或劳务的各种基本属性，只有在感觉所获得信息的基础上，其他高级的、复杂的心理活动才能得到产生和发展。因此，感觉可以使消费者获得对商品的第一印象，而第一印象的好与坏、深刻与否，往往决定着消费者是否购买某种商品。同样的道理，第一印象的好与坏，也决定着消费者是否选择这个商品。

2.感觉特性为营销工作者提供了制定营销策略的依据

感觉特性说明了消费者的感觉是有一定局限性的。在市场营销活动中，企业做广告、调整商品价格和介绍商品时，向消费者发出的刺激信号强度应当适应他们的感觉阈限。例如，为推销商品而降价，降价幅度过小，刺激不够，消费者不会积极购买；而降价幅度过大，消费者又可能会怀疑商品的质量。因而，必须有一个准确的把握。另外，消费者的感觉阈限大小还与商品本身有关。例如，几千元的商品降价十几元，并不会引起消费者的注意；而日常生活用品，如蔬菜、肉类、蛋类，即使上涨几角钱，也会很快被消费者感觉到。

3.感觉在一定程度上引发消费者的情绪

消费者的情绪在一定程度上受对客观事物的感觉的影响。百货商场、大型购物中心的环境布置，店内商品的陈列造型和颜色搭配以及卖场的音乐效果都会对购物氛围造成一定的影响，从而影响消费者的感觉，并进一步影响他们的情绪及购买行为。

4.感觉可以实现商品的使用价值

消费者在使用商品的过程中，商品的使用价值只有通过消费者的感觉，才能进入更高级的心理活动阶段。漂亮的色彩、美妙的声音、诱人的气味、鲜美的口感，可以使我们产生舒适和愉悦，同时也实现了商品的使用价值。

三、消费者的知觉

（一）知觉的概念

知觉是人对作用于感官的客观事物的整体、全面的反映。感觉和知觉都是当前事物在人脑中的反映，但感觉是对对象和现象的个别属性（如颜色、气味、形状）的反映，而知觉则是人脑对直接作用于感觉器官的客观事物的整体形象的反映。事物是由许多个别属性所组成的，没有反映事物个别属性的感觉，就不会有反映事物整体的知觉。因此，感觉是知觉的基础，知觉是在感觉的基础上产生的。对一个事物的感觉越丰富、越精确，对该事物的知觉也就越完整。在实际生活中，人是以知觉的形式直接反映事物，感觉只是作为知觉的组成部分存在于知觉之中。

（二）知觉的分类

1. 根据知觉反映的事物特征划分

（1）空间知觉

空间知觉是指对占有一定的空间位置的形状、大小、深度、方位、远近等特征的知觉。

（2）时间知觉

时间知觉是指对客观事物的延续性、顺序性的反映。这种反映通常是借助于某种媒介进行的，如依靠大自然的春夏秋冬周期性的季节、花草鱼虫的规律、人体内部生理节律的变化，以及时钟和日历的参照来判断时间，更重要的是依靠人们自己的活动、经验等来估计时间。

（3）运动知觉

运动知觉是对物体的空间位移和移动速度的知觉。通过运动知觉，我们可以分辨物体的静止和运动状态及其运动速度的快慢。

2. 根据某个分析器官在反映活动中所引起的优势作用划分

根据某个分析器官在反映活动中所引起的优势作用，可以将知觉分为视知觉、听知觉、触知觉、嗅知觉等。

（1）视知觉

视知觉指的是从眼球等接收器官接收到视觉刺激后，一路传导到大脑的接收和辨识过程。例如，通过观看图画、雕塑、景色等所产生的知觉就是视知觉。营销人员利用了大量的视觉上的刺激来沟通和传达其营销讯息，并借以说服消费者，例如广告、产品包装、店面的设计等。视觉上的刺激主要包括颜色、形状、大小等。

（2）听知觉

听知觉指的是对声音的记忆、识别和过滤。例如，通过听讲话、歌唱、音乐以及其他声音所产生的知觉就是听知觉。很多广告都使用广告音乐和结尾的乐音，来引发消费者对产品品牌的良好联想，或是强化其广告诉求。

（3）触知觉

触知觉指的是通过触摸来反映对象。对于某些产品类别而言，消费者往往会用触感来评价产品的品质。例如，皮制品便非常强调这样的感觉。

（4）嗅知觉

嗅知觉指的是通过嗅觉来反映对象。气味是某些消费者在购买某类产品时的重要抉择因素。例如，有些消费者在购买一些化妆品和日用品时，都会试图打开产品来闻一闻它的香味，然后再做出购买决策。这类消费者对于一些不能打开的洗发精或洗面奶，往往在购买上表现出相当的犹豫。

3. 错觉

错觉是指人们对客观事物的不正确的感觉或知觉。凡是知觉的结果与实际情况不相符合便叫错觉。在一定条件下，人的各种感知由于受主客观因素的影响，在感知事物时往往会产生各种错觉现象，如大小错觉、图形错觉、空间错觉、时间错觉、方位错觉、视觉错觉等。在日常生活中，错觉现象随时可见。因为我们每天掌握的信息 80% ~ 90% 是通过视觉获得的，所以最常见的错觉是视错觉。例如，两个同样大小的彩色电视机，装饰边粗大的荧光屏看起来比没有装饰边的荧光屏要小些；装有宽大玻璃窗户的房间比没有窗户小的房间要显得宽敞一些；女孩穿竖条纹的衣服比穿横条纹的衣服显得苗条一些等。错觉现象表明，在人的知觉中存在主观与客观的不一致，这种不一致不能归咎于个体观察的疏忽，而是社会中的每一个个体在一定的环境条件下，都有可能发生的正常反应。合理利用人们的错觉，有时候可以起到出人意料的营销效果。

（三）知觉的基本特性

知觉是消费者对消费对象的主观反应过程，这一过程受到消费对象特征和个人主观因素的影响，从而表现出某些独有的活动特性。

1. 知觉的选择性

知觉的选择性是指人对外来信息有选择地进行加工的能力。知觉的能动性主要表现在它的选择性上。

心理学的研究表明，消费者每天都置身于千千万万消费信息的包围之中，在同一段时间内，作用于消费者的各种消费刺激也是极为众多、复杂的。然而，限于消费者各种感觉通道的感受能力的不同，以及主观内在的需求、兴趣等因素的不同，所以，消费者不可能所有信息都全盘接收，而只能有选择地把其中一部分刺激作为信息加以接收、储存、加工和理解，于是就出现了知觉的选择性。消费者的心理活动是一种整体活动方式，所以知觉的选择性表现形式还包括选择性注意、选择性曲解和选择性保留。

（1）选择性注意

选择性注意指在外界诸多刺激中仅仅注意到某些刺激或刺激的某些方面，而对其他刺激或刺激的其他方面予以忽略。人的感官每时每刻都可能接受大量的刺激，而知觉并不是对所有刺激都做出反应，而是仅仅把注意力集中到重要的刺激或刺激的重要方面，排除次要刺激的干扰，以更有效地感知和适应外界环境。选择性注意的影响因素有客观与主观两个方面。众多的因素都会影响知觉对象的选择、知觉过程和知觉结果。

（2）选择性曲解

选择性曲解指人们有选择地将某些信息加以扭曲，使之符合自己的意向。在消费品购买中，受选择性曲解的作用，人们会忽视所喜爱品牌的缺点和其他品牌的优点。

（3）选择性保留

人们倾向于保留那些与其态度和信念相符的信息。

2. 知觉的整体性

知觉的整体性也称为知觉组织性，这个特性是知觉与感觉的重要区别。它是指人们根据自己的知识经验把直接作用于感官的不完备的刺激整合成完备而统一的整体，以便全面地、整体地把握该事物。人们在用知觉判断客观事物时，并不需要非常细致地去重新观察它的每一个部分及其属性，而只要抓住了它的主要特征，就可以根据已有的经验对它进行识别，从而把它作为一个整体进行反映。

3. 知觉的理解性

知觉的理解性是指人们在识别事物的过程中，不仅可以利用知觉概括对象的某些外部特征，还可以用自己的知识经验对知觉的对象按自己的意图做出解释，并赋予它一定的意义。知识经验在知觉理解中的作用主要通过概念和词语来实现。言语的指导能唤起人们过去的经验，从而有助于理解其意义。理解性有助于解释消费者对同一商品的知觉为什么不同。人对知觉的客观事物理解越深，则知觉越迅速、全面。例如，有丰富购买经验的消费者在挑选商品时，要比一般消费者运用知觉更快、更细致和全面。

4. 知觉的恒常性

这是指知觉条件在一定范围内发生了变化，被感知对象的映像仍然能够保持相对不变的特性，这就是知觉的恒常性。如当知觉对象距我们远于10

米时，或者比 10 米近一些时，我们也不会因为视角改变而改变对他身长的知觉，依然会觉得他还是保持原来的身高。知觉的恒常性反映在消费者购买行为上，就是消费者能够避免外部因素的干扰，在复杂多变的市场环境中，仍然可以根据购买商品后的使用经验来分辨眼前的商品。

（四）知觉与消费者行为

1. 知觉的选择性有助于消费者确定购买目标

现在市场上的商品十分丰富，每天消费者都要接触不同媒体的各种广告，这些都加大了消费者做出购买决策的难度。而知觉的选择性可使消费者在众多的信息和商品中快速找到符合自己既定购买目标的信息和商品，同时排除那些与既定购买目标不相符的信息和商品。

另外，具有某些特殊性质和特征的消费对象，例如，形体高大、刺激强度高、对比鲜明、新奇独特，与背景反差明显等，往往容易引起消费者的知觉选择。营销人员了解到消费者知觉的这个特点后，就可以采取适当的营销策略。

2. 利用知觉的理解性和整体性可提高广告宣传效果

根据知觉的理解性这一特点，企业在广告中要针对购买对象的特性，在向消费者提供商品信息时，其方式、方法、内容、数量必须与信息接收人的文化水平和理解能力相吻合，以保证信息被迅速、准确的理解。根据知觉整体性这一特点，在广告设计中，可把着眼点放在与商品有关的整体上，使消费者获得全面的信息，形成一个整体的、协调的商品形象。

3. 利用知觉的恒常性促进商品销售

由于人们不愿放弃自己习惯使用的商品，因此，知觉的恒常性可以成为消费者连续购买某种商品的一个重要因素。企业可以通过名牌商品带动其他商品的销售，或通过畅销的老商品带动新商品的销售。

第三节 消费者态度的形成与改变

一、态度的含义和功能

（一）态度的含义

态度指的是人们对客观事物或观念等社会现象所持的一种心理反应倾向，它是"对于给定事物喜欢与否的反应倾向"。基于这种倾向，人们可以对客观事物做出良好的反应，如赞成、支持、欣赏；或不良的反应，如反对、拒绝、厌恶等。态度是针对客观环境中某一具体对象产生的，表现为对某种事物的态度。而消费者通常以某类可供消费的商品或服务为具体的接触对象，因此，消费者的态度即为消费者对某一事物或观念所持有的正面或反面的认识上的评价、情感上的感受和行为上的倾向，它影响并反映了个体的消费方式。

态度作为一种心理反应倾向，通常以语言形式的意见，或非语言形式的动作、行为作为表现形态。因此，通过对意见、行为的了解、观察，可以推断人们对某一事物的态度。同样，通过消费者对某类商品和服务的意见、评价，以及积极、消极乃至拒绝的行为方式，也可以了解其对该类商品、服务的态度。例如，当观察到消费者对某品牌冰箱踊跃购买时，就可以推断出消费者对该品牌持肯定、赞赏的态度。

（二）态度在消费者购买行为中的功能

1.适应功能

适应功能亦称功利功能。它是指态度能使人更好地适应环境和趋利避害。比如，在信息不对称或风险较高的环境中，消费者经过体验对某一品牌形成积极的态度，而这种态度就会引导消费者形成对该品牌的忠诚度，从而降低决策风险，更好地保护自己的利益。

2.自我防御功能

自我防御功能是指形成关于某些事物的态度，能够帮助个体回避或忘却那些严峻环境或难以正视的现实，从而保护个体的现有人格和保持心理健康。

3.认识功能

认知功能指形成某种态度，更有利于对事物的认识和理解。事实上，态度可以作为人们理解世界的一种标准或参照物，有助于人们赋予变幻不定的外部世界以某些意义。比如，消费者如果对大卖场现场销售人员形成了负面的态度，则当他在大卖场中遇到现场销售人员时，就不会仔细听其所讲的话，而是根据已经形成的负面态度回避该人员。另外，态度的知识功能可以简化对信息的加工。如消费者对某一品牌形成较好的态度，则在购买挑选时可减少很多对具体细节信息的处理。

4.价值表达功能

价值表达功能指形成某种态度，能够向别人表达自己的价值观念。比如，服装、汽车等具有象征意义的产品，既能体现消费者的生活方式，同时也是消费者价值观的符号化。因此，消费者一般对表现其个人价值观的品牌和产品会产生积极的态度。

二、消费者态度的形成及其影响因素

（一）消费者态度的形成过程

消费者作为独立的生物体，从其诞生的那天起便时时刻刻接受着这个大千世界传递的种种信息，同时，也时时刻刻对周边的一切进行着反馈，因此，人们在信息中生存，在信息中成长，在信息中形成自我的世界观、价值观以及态度。

1.模仿和服从

消费者态度在这一阶段基本处在萌芽期。在幼儿期，儿童日常的消费基本上由父母、祖父母等抚养人负责。在这一阶段，儿童主要的行为倾向就是模仿，模仿父母以及周边关系较亲密的对象。当然也不能忽视电视广告对儿童消费态度的影响。有关研究表明，儿童在 4 岁的时候能够对电视广告的推销意图有本能的意识反应，他们能够清楚地表达广告的东西他们想要，不过这样的回答还不能证明儿童对于其广告意图有完全的理解。[1] 而随着年龄的增长，他们模仿和学习的对象日趋增多，模仿和学习的内容和形式也日趋多

---

[1] 何建民，叶景，陈夏雨.营销内容特征对消费者购买产品态度及意愿的影响 [J]. 管理现代化，2020，40（06）：82-83.

样，同时，自我观念逐渐成熟，对周边的事物和现象也有了自己的评价标准，因此，这一点应该引起企业方足够的重视。

除了模仿和学习之外，就是服从。消费者态度在"服从"这个层面的意义特别深远，甚至它彰显了当今社会主要的消费行为范式，即人们的消费内容和消费方式受社会价值观、道德与行为规范的约束，此时的消费者态度是一种由社会规范而衍生出来的，以达到一定的社会目的。其中，奢侈品消费在这一点上体现得非常鲜明。

2. 同化阶段

这一阶段是消费者态度形成的关键时期。企业产品和服务所要说服的对象的态度情况基本上都处于这个阶段。同化阶段的消费者态度主要特征就是"我愿意"，即接受传播者所传递的情感、信念、观点或行为，并希望自己拥有与传播者或者影响者一样的态度或行为。然而从目前的现实状况来看，并不是所有的优秀企业都能够使消费者做到"我愿意"。其主要原因就是我们这个时代是一个传播过度的时代，每天消费者都在选择该接受什么样的信息，而企业所传达的说服信息如果没有经过营销学和传播学的有效加工，那么，企业花重金所打造的信息则湮没在浩浩荡荡的信息潮中，当然也不会起到任何效果（极端的情况下会产生负效果）。

那么，作为企业来讲，怎样才能使消费者做到"我愿意"呢？其实在这个阶段企业的宣传已经激起了消费者的兴趣，也就是说，在消费者心中有一个要沟通和了解的焦点目标，在消费者没有既有态度影响和认知支撑的情况下，当消费者欲把相关的信息（产品、服务、品牌等要素）写入其认知结构，也就是真正接受了新的观点、新的情感、新的知识等，并把其纳入自我的价值观和人格之内，形成新的态度（注意：这里仍旧没有既有态度的影响和认知支撑，否则就是态度的改变）。那么，这个阶段就是消费者态度的形成过程。同时，消费者在这一阶段已经具有了显著的购买倾向和非购买倾向，当然还是要分析形成的态度是正面的还是负面的。因此，作为企业就应该根据产品的特性，并结合消费者的认知结构，制订出相应的产品信息传播策略，以实现营销的目的。

同化阶段以后消费者的态度基本建立，也就是说消费者对于产品或服务有了一定的情感与认知、行为倾向，也就建立了相对稳定的态度结构，即到了内化阶段。当然这一稳定的结构会持续一定的时间，除非出现新的刺激或者认知信息的摄入和干扰。

（二）消费者态度形成的影响因素

1. 广告

这是一个广告的时代，广告是人们社会生活的重要组成部分。它是人们重要的信息来源，无时无刻不在左右着人们的心智模式和行为模式，同时对消费者的态度也有着最直接的影响。一个人很难自然而然地形成一定的态度，而态度的形成常常是因为遇到一定的问题或感知到一定的环境信息的提示。而广告则起到了很好的提示效果，任何广告都希望消费者对广告中的产品能建立积极的态度，但是若要起到该效果还需要对广告信息进行加工。这一点对于营销传播尤为重要。

2. 口碑

早在20世纪50年代初，学术界就发现，人际的口耳相传和熟人间非正式的信息交流不但能够影响消费者的产品选择和购买决定，还能影响消费者购前的期望、使用前的态度，甚至使用后对产品和服务的质量评价。特别是在促使消费者态度由否定、中立到肯定的转变过程中，口碑传播所起的作用则是广告的几倍。因此，企业在进行营销宣传中一定要重视口碑传播对消费者态度的影响，在一定的条件下（道德、法律等）利用好口碑宣传，使消费者的态度转变，以达到最大的传播效果。

3. 企业的营销传播战略

需要强调的是，这里指的营销战略具有高度的全局性和总体性，是指企业一系列的营销传播的总体谋划和布局。由消费者态度形成的特性可知，企业对消费者态度形成的时间、程度在一定时间内很难界定与捕捉，因此，需要企业的营销宣传有计划、有步骤地进行。同时，企业的营销宣传应该有自己的总体方略，不仅以满足消费者的产品需求为导向，而且要以满足消费者的信息需求为导向。只有这样，才会在任何时间、任何地点，使企业传播的信息在消费者心中打上"积极"的烙印。

三、消费者态度的改变及其影响因素

（一）有关消费者态度的改变

1.消费者态度的改变——营销说服

作为消费者，我们每天都在接受不同程度、不同内容的说服信息，这些信息的量足以用浩如烟海来形容。于是，面对这样一个复杂的信息环境，企业便想方设法让自己在众多企业中脱颖而出，让自己的产品在消费者心中独树一帜。但是，如今的消费环境日新月异，各种影响因素错综复杂，特别是消费者的营销免疫力显著增强，同时伴随着消费的个性化以及显著的自我意识，因此，在该环境下，一些营销传播理论只是为改变消费者心智模式与行为模式提供一种可能、条件、机会，距影响和改变消费者态度、改变消费者消费模式和生活方式仍有一大段的距离。

于是，站在新的起点上，作为营销的研究人员或者企业人士需要重新思考：我们真的了解现在的消费者吗？现在的消费者最喜欢接受何种信息？消费者的态度是什么，如何影响和改变？在我们的信息说服下，消费者愿意做出改变吗？等等。思考这些问题可以让我们的营销说服更有效。

2.消费者态度改变的特性

结合若干的研究成果，营销人员有四种消费者态度改变的策略：①使消费者对产品有新的显著性信念——积极的信念评价；②提高已存在的积极信念的强度；③改善对一个强烈持有信念的评价；④使一个已存在的积极信念更显著。

从以上可以看出，消费者态度改变的特性可以归结为两个方面：一是态度强度的改变；二是态度方向的改变。态度强度的改变是指对于原有的态度强度进行弱化或强化的过程，这种态度强度的改变，由于没有改变态度的方向，所以也称为一致性改变；态度方向的改变就是完全新的态度来替代原有的态度，即在积极性和消极性之间进行转化。在态度改变的两种形式中，一般说来，改变态度的强度要比改变态度的方向更容易。

（二）消费者态度改变的影响因素

1. 消费者的认知和情感

态度是一种内在的稳定的心理状态。解剖来看也就是态度中的认知、情感和行为倾向三者关系内在的稳定性，特别是认知和情感，因为二者决定了行为倾向。于是，认知和情感要素的稳定性就决定了态度改变的复杂性和困难性。消费者态度也是如此，众多研究者对于消费者态度改变特别是情感和认知要素的研究取得了许多重大的研究成果。其中，卡尔曼的研究认为，认知要素中的信念要素对消费者态度的形成和改变有显著性影响[1]；路兹认为通过改变认知结构特别是显著性信念水平能够有效地改变消费者的态度[2]；詹姆斯、格雷戈里、约翰通过实证研究证明，评价结构与消费者情感对消费者态度的形成和改变具有重要影响，两者共同作用于消费者对产品的需求[3]；等等。由以上研究可以看出，影响和改变消费者的情感要素和认知要素是改变消费者态度最为重要的途径和方法，也是消费者态度改变研究的核心和焦点。

2. 时间

除了认知和情感要素以外，时间也是一个十分重要的影响因素。我们在研究广告对消费者态度的影响和销售促进、公共关系对消费者行为的影响时都会出现一定的"时滞"，那么，这个时滞效应就是时间作为变量对于消费者心智模式和行为模式的干扰。对这种时滞效应最有力的解释就是"睡眠者效应"，即信息来源的可信度高会引起态度大的改变，但是经过一段时间以后，无论信息来源的可信度高还是低，态度改变的效果是一样的。因此，睡眠者效应给企业的警示是：通过大众传媒对消费者态度进行影响和说服一定要具有系统性、周期性，在不同的周期必须改变信息特征，使说服信息在不同周期实现多样化，借以有效消除消费者的睡眠者效应，以达到最大的传播效果。

---

[1] 申荷永. 社会心理学：原理与应用 [M]. 广州：暨南大学出版社，1999：91.

[2] 罗江，迟英庆. 基于理性行为理论的消费者行为研究综述 [J]. 商业经济研究，2016（06）：34-35.

[3] 蔡菲，聂元昆. 关于消费者矛盾态度研究的文献综述 [J]. 中国市场，2013（45）：17-18.

第四节　消费者的个性、自我概念与生活方式

一、消费者的个性

个性，心理学中称为人格，指个体带有倾向性的、比较稳定的、本质的心理特征的总和。该词来源于拉丁语 persona，最初是指演员所戴的面具，其后指演员与其所扮演的角色。个性是在个体生理素质的基础上，经由外界环境的作用逐步形成的。个性的形成既受遗传和生理因素的影响，又与后天的社会环境尤其是童年时的经历具有直接关系。

个性是一个综合性概念，它包括兴趣、爱好、能力、气质、性格等许多心理特性。构成个性的这些心理特征不仅会对产品选择产生影响，而且还会影响消费者对促销活动的反应以及何时、何地和如何消费某种产品或服务。本节主要阐述气质、性格、能力与消费者行为。

（一）消费者的气质

1. 气质的概念与类型

（1）气质的概念

气质是指人的典型的、稳定的内心特征。它表现为一个人生来就有的心理活动的动力特征。这种心理活动的动力特征包括三个方面：一是心理过程的强度，例如，情绪体验的强度、意志努力的程度；二是心理过程的速度和稳定性，例如，感知的速度、思维的灵活度、注意力集中的时间长短；三是心理活动的指向性，即心理活动倾向于外部事物，从外界获得新印象，或倾向于内心世界，经常体验自己的情绪，分析自己的思想和印象。人们气质的不同就表现在心理活动的动力特征上的差异。个体间的气质差异，使每个人在各种行为的心理活动中表现出不同的动力特征，从而形成各自独特的行为模式。

气质主要是由神经过程的生理特点所决定的，因而，它虽然会在人的生活进程中发生某些变化，但变化是缓慢的。俗话说"江山易改，禀性难移"，即指气质具有稳定不易改变的特点。气质的稳定性，使某种气质类型的人，尽管其活动的动机不同，内容各异，但往往在其行为方式上表现出相同的心理动机特点。所以，气质在人的个性心理特征中，占据着较为重要的位置。

（2）气质的类型

以下是四种气质类型的典型表现。①多血质：典型特征是活泼好动、反应迅速、喜欢交往、兴趣广泛、注意力易转移、情绪易起伏波动等。②胆汁质：典型特征是直率热情、精力旺盛、易于冲动、性情急躁、心境变化剧烈等。③黏液质：典型特征是安静稳重、反应缓慢、沉默寡言、善于忍耐、注意力稳定难以转移、情绪不易外露等。④抑郁质：典型特征是敏感、孤僻多疑、行动迟缓、感情体验深刻、善于觉察到他人不易觉察的细节等。现实中的人多是几种气质类型的结合，其中以某种类型特点占优势，具有典型气质特征的是少数。

2.气质与消费者类型

消费者不同的气质类型，会直接影响和反映到他们的消费行为中，使之显现出不同的甚至截然相反的行为方式、风格和特点。概括起来，大致有如下几种对应的表现形式。

（1）主动型和被动型

在购买现场，不同气质的消费者，其消费行为主动与否一般具有显著差异。多血质和胆汁质的消费者通常主动与售货员进行接触，积极提出问题并寻求咨询，有时还会主动征询其他在场顾客的意见，表现十分活跃；而黏液质和抑郁质的消费者则比较消极被动，通常要由售货员主动进行询问，而不会首先提出问题，因而不太容易沟通。

（2）理智型和冲动型

在购买过程中，消费者的气质差异对其购买行为方式具有显著影响。黏液质的消费者比较冷静慎重，能够对各种商品的内在质量加以细致的选择比较，通过理智分析做出购买决定，同时善于控制自己的感情，不易受广告宣传、外观包装及他人意见的影响；而胆汁质的消费者容易感性冲动，经常凭借个人兴趣、偏好以及商品的外观选择商品，而不过多考虑商品的性能与实用性。他们往往喜欢追求新产品，容易受广告宣传及购买环境的影响。

（3）果断型和犹豫型

在做出购买决策和实施购买时，气质的不同会直接影响消费者的决策速度与购买速度。多血质和胆汁质的消费者心直口快，言谈举止比较匆忙，一旦见到自己满意的商品，往往会果断地做出购买决定，并迅速实施购买，而不愿花费太多的时间去比较选择；抑郁质和黏液质的消费者在挑选商品时则显得优柔寡断，十分慎重，动作比较缓慢，挑选的时间也较长，在决定购买后易发生反复。

（4）敏感型和粗放型

在购后体验方面，消费者的气质不同，体验程度也具有明显差异。黏液质和抑郁质的消费者在消费体验方面比较深刻，他们对购买和使用商品的体验十分敏感，并直接影响其心境及情绪，在遇到不满意的商品或遭受到不良服务时，经常做出强烈的反应。相对而言，胆汁质和多血质的消费者在消费体验方面不太敏感，他们不过分注重和强调自己的心理感受，对于购买和使用商品的满意程度不十分苛求，在这方面表现出一定程度的容忍和粗疏。

（二）消费者的性格

1.性格的含义与特征

（1）性格的含义

性格是个人对现实的稳定态度和习惯化了的行为方式，它是个性中最重要、最显著的心理特征。人在活动过程中，客观事物的种种影响通过认识、情绪和意志活动在个体的反映机构中保存、固定下来，构成一定的态度体系，并以一定的形式表现在个体的行为之中，构成个体所特有的行为方式。这种态度和方式就构成了一个人的性格特征。性格是一个人区别于其他人的集中表现，它总是表现出一个人独特的、稳定的个性特征，并且在一个人的行动中留下痕迹，打上烙印。在某种特定的情况下，一时的、情境性的、偶然性的表现，不能代表他的性格特征。只有一个人对现实的某些态度以及符合这些态度的行为方式不是偶然发生的，而是比较稳固的、经常的，能从本质方面表明一个人的个性的，才具有性格的意义。同时，人的性格特征总是独特的，为一个人所特有，即世界上找不出性格完全相同的两个人，即使同一性格特征，也会带上各人独特的个人色彩。

（2）性格的特征

性格是十分复杂的心理现象，包含多方面的特征。性格犹如多棱镜，折射出个性心理活动的多个侧面，也反映了多种性格特征的有机复合。一个人的性格正是通过不同方面的性格特征表现出来的，并由各种特征有机结合，形成独具特色的性格。

性格的基本特征包括以下四个方面：①态度特征。性格的态度特征即表现个人对现实的态度的倾向性特点。例如，对社会、集体、他人的态度，对劳动、工作、学习的态度以及对自己的态度等。②意志特征。性格的意志特征是指在意志作用下，人对自身行为的调节方式和控制程度所表现的个人特点。例如，是否具有明确的行为目标，能否自觉调适和控制自身行为，在行动中表现出的是独立性还是依赖性，是主动性还是被动性，是否坚定、顽强、忍耐、持久等。③情绪特征。性格的情绪特征即表现个人受情绪影响或控制情绪程度状态的特点。例如，个人受情绪感染和支配的程度，情绪受意志控制的程度，情绪反应的强弱、快慢，情绪起伏波动的程度，主导心境的性质等。④认知特征。性格的认知特征是指人们在感知、记忆、想象、思维等心理活动过程中所表现出的个体差异。例如，在感知方面，是主动观察型还是被动感知型；在思维方面，是具体罗列型还是抽象概括型，是描绘型还是解释型；在想象力方面，是丰富型还是贫乏型等。

2.性格与消费者类型

消费者千差万别的性格特征，也往往表现在他们对消费活动中各种事物的态度和习惯了的购买行为方式上，从而构成多种多样的消费行为。

（1）根据消费态度划分

①经济型

此类消费者的消费态度是：勤俭朴素、不奢华。他们选择商品的标准是经济实用，不求时髦，不图名声。对能够表明商品内在质量的有关信息，特别易于接受，购买时不喜欢售货员人为地赋予商品过多的象征意义，认识事物、考虑问题比较现实。

②自由型

此类消费者的消费态度是：浪漫、豁达、随性。他们在选择商品时考虑的因素比较多，既考虑质量，又讲求外观，且多侧重于后者。他们联想丰富，富于幻想，特别乐于追逐那些具有象征意义的商品。在购买时，很难自觉、有意识地控制自己的情绪，选择商品往往以自己的好恶为主要标准，不易受外界因素的影响。

③保守型

此类消费者的消费态度是：固执、严谨、刻板，崇尚传统。对有关新产品的市场信息和新商品抱有强烈的怀疑态度，有意无意地进行抵制，有时消费情绪悲观。

④怪癖型

此类消费者的消费态度是：傲慢孤僻，具有独特的思维方式和生活方式。他们自尊心很强，情绪不稳定，选购商品时往往不能接受售货员及其他人的意见和建议，有时可能会提出一些令人费解的问题和难以满足的要求。

⑤顺应型

此类消费者的消费态度是：随和、谦恭，生活方式大众化。他们一般不购买标新立异的商品，但也不固守传统，其行为受相关群体影响较大，和与自己相仿的消费者群体保持比较一致的消费水平，对社会风尚不积极也不反对，能够随社会发展、时代变迁而不断调节，并改变自己的消费方式和习惯。

（2）根据购买行为划分

①习惯型

此类消费者往往根据以往的购买经验和使用习惯决定购买行为。当他们对某一品牌、商标的商品形成深刻体验后，便保持稳定的注意力，不轻易改变自己的信念，不受时尚和社会潮流的影响，购买遵循惯例，长久不变。这类消费者的购买行为，大多建立在对商品或商家信任的基础上，取决于商品或商家的信誉。

②慎重型

此类消费者的购买行为建立在对商品理智地判断、分析的基础上。他们比较稳重、成熟、老练，有主见，喜欢根据自己的经验和知识，在对商品的有关信息进行充分了解的基础上，经过周密的分析和思考，对商品细致地检查、比较，反复地衡量各种利弊因素后才做购买决定，较少受他人及企业促销宣传的影响。

③挑剔型

此类消费者有一定的购买经验和商品知识，挑选商品主观性强，不愿与他人商量，具有善于观察别人不易观察到的细微之处的特征。有的则表现为性格孤僻，对营业员和其他消费者的意见都相当敏感，检查商品极为小心仔细，有时甚至达到苛刻的程度。

④被动型

此类消费者多数不经常购买商品，缺少购买商品经验，缺乏商品知识，对商品没有确定的偏爱；购买行为呈消极被动状态，往往奉命购买或代人购买，在选购商品时大多没有主见，表现得不知所措，渴望得到营业员的帮助。

（3）根据消费者在购买现场的情感反应划分

①沉静型

沉静型消费者情绪稳定，性格沉着冷静，在购物过程中不易受广告宣传和营业员态度的影响，甚至对过分热情的营业员产生反感。

②温顺型

温顺型消费者性格温顺，态度随和，在购买时能够安静地、耐心地听取营业员的推销，一般不轻易反驳，做出购买决策比较快。

③活泼型

活泼型消费者性格活泼，感情易变。他们既可以安静地听取营业员的推销，也会与营业员交流，容易表露出对商品及营业员的喜欢或厌恶的态度。

④反抗型

反抗型消费者性格倔强、感情固执、自主性强，在购物时对营业员的推销言词往往比较反感。

⑤傲慢型

傲慢型消费者性格高傲，对营业员的推销往往抱着一种盛气凌人的傲慢心理。当营业员投其所好、赞扬其消费观念时，会表现出一种高高在上的态度。有时，也会因营业员所推销的商品档次不高而一走了之。

（三）消费者的能力

1.能力的含义

能力是指人能够顺利地完成某种活动并直接影响活动效率所必须具备的个性心理特征。人们要顺利地完成某种活动，需要多种能力共同发挥作用。既需要一般的能力，即在很多活动中表现出来的具有共性的基本能力，如观察能力、记忆能力、想象能力、思维能力和注意能力等，也需要一些特殊的能力，即表现在某些专业活动中的能力，如组织能力、鉴赏能力、商品选购能力等。

2.消费者的能力构成

（1）从事各种消费活动所需要的一般能力

在实际生活中，这是消费者购买活动必须具备的基本能力，如对商品的感知、记忆、辨别能力；对信息的综合分析、比较评价能力；在购买过程中的选择、决策能力，以及记忆力、想象力等。基本能力的高低强弱会直接导致消费行为方式和效果的差异。

①感知能力

感知能力是指消费者对商品的外部特征和外部联系加以直接反映的能力。感知能力是消费行为的先导，通过它消费者可以了解到商品的外观造型、色彩、气味、轻重以及所呈现的整体风格，从而形成对商品的初步印象，为进一步做出分析判断提供依据。消费者的感知能力差异主要体现在速度、准确度、敏锐度上。感知能力的强弱会影响消费者对消费刺激的反应程度。能力强的消费者能够对商品的微小变化或同类商品之间的细微差别加以清晰辨认；能力弱的消费者则可能忽略或难以区分细小的变化。

②分析评价能力

分析评价能力是指消费者对接收到的各种商品信息进行整理加工、分析综合、比较评价，继而对商品的优劣好坏做出准确判断的能力。分析评价能力的强弱主要取决于消费者的思维方式和思维能力，同时与消费者个人的知识经验有关。

③选择决策能力

选择决策能力是消费者在充分选择比较商品的基础上，及时果断地做出购买决定的能力。当消费者运用分析评价能力、感知能力等对商品进行综合分析后，就进入了购买决策阶段。消费者决策能力的高低直接受其自信心、经验水平等因素的影响。

（2）从事特殊消费活动所需要的特殊能力

特殊能力首先是指消费者购买和使用某些专业性商品所应具有的能力。它通常表现为以专业知识为基础的消费技能。例如，对高档照相器材、专用体育器材、古玩字画、钢琴、电脑、轿车以及音响等高档消费品的购买和使用，就需要相应的专业知识以及分辨力、鉴赏力、监测力等特殊的消费技能。倘若不具备特殊能力而购买某些专业性商品，则很难取得满意的消费效果，甚至无法发挥出消费品应有的使用效能。

在满足物质需要的基础上，通过商品消费美化生活环境，是现代消费者的共同追求。有些具有较高生活品位和文化修养的消费者，在商品美学价值评价与选择方面显示出较高的审美情趣与能力。这种能力往往使他们在服饰搭配、居室装饰、美容美发、礼品选择等方面获得较大的成功。

（3）消费者对自身权益的保护能力

在市场经济条件下，消费者作为居于支配地位的买方主体，享有多方面的天然权力和利益。这些权力和利益经法律认定，成为消费者的合法权益。然而，这一权益的实现不是一个自然的过程。侵犯消费者权益的事例屡有发生。这在客观上要求消费者自身不断提高自我保护的能力。

（4）消费者购买行为中的能力表现

顾客在购买活动中需要具备相应的能力。如顾客在购买服装或布料时，需要以手的感觉能力摸一摸服装或布料的质地，即所谓手感如何；需要以视觉能力观察服装或布料的颜色；需要以想象能力判断哪种款式、花色穿在自己身上更好看。

顾客能力如何，对能否顺利完成购买活动影响很大。一般来说，顾客能力强，就能很快完成购买过程；反之，顾客本身能力差，做出购买决定时迟疑不决，购买过程就很难尽快结束。营销者对于前一种顾客不必给予过多的帮助，有时干预过多反而容易引起他们的反感；对后者，则需要尽量做好"参谋"，使其尽快地做出决策。

二、消费者的自我概念

（一）自我的含义与分类

1. 自我概念的含义

各个学科关于自我概念的角度各有不同，但更多的是将自我概念看作一个系统的整体。综合自我概念研究领域的各种观点，本书认为自我概念是个体把自己作为客观对象而对自己的整体看法和感觉。本书中，自我概念又称自我形象，是指一个人所持有的对自身特征的观念，以及对这些特征的评价，即自我概念是由自己对自己的态度构成的系统认识。例如，一个人对自己形象的评价、学业的评价以及对职业身份的评价，都是自我概念的组成部分。

2. 自我概念的分类

（1）现实自我与理想自我、私人自我与社会自我

自我概念有四重性，就是现实自我与理想自我、私人自我与社会自我，它们分别从不同的角度表达自己对自己的看法，如表4-1，四种自我概念的组合会出现四种可能的解释。

表4-1　自我的分类

自我概念层面	现实的自我概念	理想的自我概念
私人的自我概念	"我实际上如何看待自己"	"我希望如何看待自己"
社会的自我概念	"别人实际上怎么看待自己"	"我希望别人如何看待自己"

（2）物质自我和精神自我

根据自己追求的不同，又分为物质自我和精神自我。带有强烈物质自我概念的人在人格上常常表现为物质主义。研究者对物质主义的特征提出了一些通用的观点：一是他们特别看中获得和炫耀财产；二是他们特别以自我为中心，即自私；三是他们寻求充满财物的生活风格。例如，他们希望有许多"东西"，而不崇尚简单整洁的生活风格；四是他们的大量财物并不能给他们更大的个人满足感，即他们的财物并没有带来更大的幸福。物质主义较强的自我认识称为物质自我，反之则为精神自我。

（3）延伸自我和改变自我

很多消费者用来定义自身社会角色的道具和装置已经成为自我的一部分。被消费者看成自身一部分的外物组成了延伸的自我。延伸自我包括四个层次：一是个体水平，消费者将个人财产中的很大一部分纳入自我定义。这些产品包括珠宝饰物、汽车、衣服等；二是家庭水平，这一部分延伸的自我包括消费者的住宅及内部陈设。房子可以视为家庭的象征载体，而且也往往是身份象征的核心部分；三是社会水平，消费者习惯于按照自己所在的地区或城镇来介绍自己，地域也是延伸自我的一部分；四是群体水平，对特定社会群体的依恋也可以视为自我的一部分。消费者可能把地界标、纪念碑或者体育队伍看作延伸自我的一部分。有时，消费者也愿意改变自我，拥有一个不同的或"改善"了的自我。这个时候，消费者会选择被称为"改变自我的产品"，通过创造一个全新的自我，来维护现在的自我，防止自我的损失，或者延伸自我、调整和改变自我来尽可能地表现他们的与众不同。

（4）依存自我和独立自我

依存自我的构建更多地基于亚洲文化，基于这种相互联系、相互依存的文化。依存自我概念强调家庭、文化、职业和社会关系。具有依存自我概念的个体倾向于服从，以社会为中心，注重整体和协同。他们以社会角色、家庭关系和与所处群体，包括种族和国家群体内其他成员的共同性来界定自己的个性和概念。

独立自我的构建是基于占统治地位的西方文化观念，个人生来就是独立的。独立的自我概念强调的是个人的目标、特性、成就和愿望。具有独立自我概念的个体倾向于个性化、利己主义、自治、独断专行和沉默寡言。他们以自己做过什么、有什么、自己能与别人相区别的特征来界定自己的个性和概念。

（二）自我与消费者行为

现实生活中特定的消费者不仅具有不同于其他消费者的行为，而且在不同的情景下也很有可能采取不同的行为，在不同的情景下或者扮演不同的社会角色时，人们往往像变成了另外一个人。把消费者看作多重自我更有助于理解消费者的消费行为，消费者在表现不同的自我时，就会对产品或者服务提出不同的要求。因此，消费者对自我概念的感知不同，所倾向的购买行为也会有所差异。消费者的自我概念对商品的偏好、商品价格的认同、广告的接受程度等都具有不同程度的影响。

1.对商品的偏好

在现实生活中，我们每个人所拥有的东西和所喜爱的活动，都在一定程度上反映了我们希望表达自己的某些追求和情感，尽管有时是不自觉的。即消费者购买商品，旨在通过购置物表现其自我意象。消费者一旦形成了某种自我，就会在这种自我支配之下做出一定的消费行为。例如，消费者在选购或者偏好某种商品时，他们不仅以质量优劣、价格高低、实用性能强弱为依据，而且把商品品牌特性是否符合自我作为重要的选择标准，即判断商品是否有助于"使我成为我想象或者期待的那种人"，以及"我希望他人如何看待我"。自我概念影响消费者从自我象征性意义角度来知觉和选择购买已有的产品或者想要得到的产品。如果产品的形象符合他们的自我概念定位，他们就会积极地评价或偏好此产品。消费者的自我概念与产品或者服务形象之间一致性很强的产品有很多，包括汽车、服装、食品、香烟、家具等。例如，一个认为自己气质良好、情趣高雅，具有较高欣赏品位的消费者，他在购买服装时就会倾心于那些款式新颖、色调柔和、质地精良、做工考究、设计独特的服饰。

2.对商品价格的认同

产品的价格在一定程度上能反映产品拥有者的社会角色，消费者在购买行为中会根据自己的真实自我和理想自我对商品价格加以认同。例如，一般收入不太高的消费者，或者具有勤俭节约传统的消费者，他们往往希望购买到价格合适又适用的商品，希望少花钱多办事。因此，他们对商品的价格特别关注，可能会专门选购在同类商品中价格较低的。收入较高的消费者可能专门选购最昂贵的商品。由此可见，在消费者的自我概念中，商品价格与个人的社会角色、个人愿望、情感、理想和追求等有密切的联系，购买不同价格、不同档次的商品与消费者不同的自我是统一的。

3.对广告的接受程度

由于自我概念的差异性，消费者对各种商标的知觉也不尽相同。他们对特定的商标产生偏好，最后导致购买行为上的差异。也就是说，消费者在购买过程中，自我概念会自然而然地成为其评价广告信息的参照标准。其次，按照自我概念的鲜明性和独立性程度，我们还可以把消费者分为两类：一类是自我概念鲜明、独立性强的消费者；一类是自我概念较模糊、依赖性较强的消费者。前一类消费者很少受广告宣传和社会潮流的影响，自我的独立性强，往往按照自己的标准进行购物和消费，很少顾及别人如何评价，也不刻意迎合他人的心理。后一类消费者由于自我的独立性差，易受广告宣传和社会流行观念的左右。这就启示我们，在商品的广告主题设计时，要充分考虑不同消费者的自我概念特点，采取多样化的，适合不同层次、不同种类消费者的广告宣传方式，以期取得最佳效果。

三、消费者的生活方式

（一）生活方式的含义

生活方式是指消费者对时间和金钱的态度以及消费者选择的方式。简而言之，生活方式就是人如何生活。具体地说，它是个体在成长过程中，在与社会诸因素交互作用下表现出来的活动、兴趣和态度模式。个体和家庭均有生活方式。虽然家庭生活方式部分地由家庭成员的个人生活方式所决定，但是反过来，个人生活方式也受家庭生活方式的影响。

生活方式与个性既有联系又有区别。一方面，生活方式很大程度上受个性的影响。一个具有保守、拘谨性格的消费者，其生活方式不大可能太多地涉及诸如登山、跳伞、丛林探险之类的活动；另一方面，生活方式关心的是人们如何生活、如何消费、如何消磨时间等外显行为，而个性则侧重从内部来描述个体，它更多地反映个体思维、情感和知觉特征。可以说，两者是从不同的层面来表现个体的。

（二）生活方式与消费者行为

1.科学、文明时代

改革开放以来，我国社会生产力水平明显提高，综合国力显著增强，人民生活水平总体上实现了由温饱到小康的跨越，进入中等收入国家水平，社会已经具备了实现科学、文明生活方式的物质基础。人类对生活方式的理想追求，还受社会文化发展水平的影响。因为社会文化环境对人的主体意识的形成，特别是人的价值观念的形成有着重要的影响。生活方式的选择也受到一定价值观念的影响。价值观的取向功能，影响生活方式的主体人，对物质、精神财富支配方式的审视和评判，扬弃和超越。科学、文明的生活方式成为人们的共同选择。

科学、文明的生活方式是人们在科学理念指导下，进行有利于健康、有利于人全面自由发展而又体现现代文明生活的生活方式。科学的理念应该是科学发展的理念，强调精神与物质统一的生活方式，不仅包括物质追求与物质享受，还包括精神生活和精神享受。科学、文明、现代的生活方式所表现出的物质财富与精神财富的支配方式，也就是消费方式，是以人为中心的。这样的消费方式不单单是追求高层次的物质享受，而且追求人的体能和智能的提高。从人的全面发展设计消费方式，使消费对于人不仅具有享受的价值，而且对提升精神境界也能够产生积极的影响。这种生活方式中所蕴含的价值理念，提倡健康向上的消费，反对低级的、不健康的消费。

2.绿色时代

随着经济的发展，人们越来越清醒地认识到，以污染环境和破坏生态来换取一时的经济繁荣的做法不可取。正是这种认识，推动着人类文明进行了一场深刻的变革，即追求人与自然的和谐相处。"非绿色"的高消费方式给人们的生存环境带来了灾难性的后果——土壤产能恶化、生物多样性丧失、空气质量下降。食物链污染使人类自身健康受到伤害，人类的持续生存受到严重威胁。面对着自身周围生存环境的逐渐恶化，人类开始重新审视这种工业文明时代的消费方式，逐渐认识到这种工业文明所倡导的高消费方式的危害性和不合理性，开始探索新的消费方式。生态文明所提倡的健康、适度的消费观念，正好符合人们的需求，绿色消费便在这样的背景下被提了出来。

3. 网络时代

网络的发展改变了人们的日常生活方式，使得家庭在生活中的作用和地位得到提升，家庭观念又重新受到大众的重视。网络技术在日常生活中的普及使娱乐、休闲、工作和学习等方面的界限日趋淡化，人们坐在家里就可以工作、学习甚至进行人际交往。以计算机为代表的新技术普及到日常生活之中，不仅可以极大地提高人们的日常生活质量，改善人们的生活水平，而且人们住宅方式的日益全面现代化和智能化，也使得人们对家庭伦理、归属和情感方面的价值认知不断提升。在当今网络时代，人们所扮演的角色已经不再是被动的消费者和受众群体，更为广泛的是可以参与自己喜爱的生活过程或者生产过程，成为名副其实的生产者和创造者。营销者深入了解人们生活方式在网络时代所发生的种种变化，有利于帮助企业掌握消费者的需求变化与消费行为特点，从而占据竞争优势。

第五章　消费者行为的影响因素

第一节　经济文化因素

一、经济因素与消费者行为

经济因素是制约消费者行为的一个基本因素，它包括宏观和微观两个方面。宏观经济因素是指整体的经济环境、经济的周期变化。当经济繁荣时，消费者的收入会增加，可支配的收入会增加，消费水平相应地会提高；当经济衰退时，随着收入减少，人们会节约开支，消费水平自然也就会相应降低。微观经济因素主要涉及消费者以往的经济情况、一定时期内消费者收入的多少、储蓄所占的比重、能否取得消费信贷、市场物价水平以及其变动状况，这一切都制约着消费者的行为。对于一般消费者而言，收入决定其能否发生购买行为以及发生何种规模的购买行为、购买商品的种类和档次。所以，在这个问题中，我们着重讨论消费者收入与消费者行为的关系。

（一）消费者的收入

1.个人收入和居民可支配收入

（1）个人收入

个人收入指个人从各种途径所获得的收入的总和，包括工资、租金收入、股利股息及社会福利等所收取得来的收入。该指标是预测个人的消费能力、未来消费者的购买动向及评估经济情况好坏的一个有效的指标。个人收入提升代表经济情况好转或经济景气，相应地，下降是经济发展放缓、衰退的征兆，对货币汇率走势的影响是不言而喻的。

（2）居民可支配收入

居民可支配收入是居民家庭在调查期获得并且可以用来自由支配的收入。包括家庭成员所从事主要职业的工资以及从事第二职业、其他兼职和偶尔劳动得到的劳动收入；家庭成员从事生产经营活动所获得的净收入，如开小店、摆小摊、家庭作坊、私营企业的纯收入；家庭资产所获得的收入，如存款的利息、出租房屋收入、保险收益、股息与红利收入、知识产权收入；政府对个人收入转移的离退休金、失业救济金、赔偿等，单位对个人收入转移的辞退金、保险索赔、提取的住房公积金，家庭间的赠送和赡养等。

2.消费者的绝对收入变化与相对收入变化

（1）消费者的绝对收入变化

消费者的绝对收入变化是指消费者所获得货币及其他物质形式的收入总量的升降变动。对于大多数以货币收入为主的消费者来讲，影响其心理的主要因素是货币收入绝对数额的上升与下降。一般来说，消费者货币收入增加时，消费者的心理需求欲望也随之增强；反之，当消费者货币收入减少时，其心理需求欲望也随之减弱。这种增强与减弱的心理倾向，常与消费的简单思维活动有关。

（2）消费者的相对收入变化

消费者的相对收入变化是指在消费者绝对收入不变时，由于其他社会因素，如价格、分配等的变化，引起原有对比关系的变动，而使收入发生实际升降的变化。相对收入变化时，对消费者的心理影响主要表现在：

①消费者本人的绝对收入没有发生变化，而其他消费者的绝对收入发生变化；或消费者本人的绝对收入的变化幅度大于或小于其他消费者绝对收入的变化幅度。这种变动，消费者在短时间内一般不易察觉，对短期消费心

理也不构成影响。只有经过一段时间的对比之后，才会构成对消费心理的影响。比如，当某消费者或消费者群体的消费收入相当于其他消费者或其群体在同等水平上进行消费，经过一段时间以后，便会感到由于消费支出能力降低，已不能与那些相对收入已提高的消费者保持同等的消费方式，而必须逐步降至与自身收入相符的消费水平上来。

②消费者的绝对收入没有发生变化，而市场商品价格发生变化，使原有收入可购买的商品量发生了增减变化，或者是消费者绝对收入的变化幅度大于或小于价格变动的幅度。这种变动对消费者心理预期会产生直接影响。对消费者的货币投向、消费结构及消费数量都会产生显著的制约作用。

（3）消费者绝对收入与相对收入之间存在两种变动关系

①当消费者绝对收入与相对收入呈同向变动时，即同升或同降，对消费者心理变化不会产生过大的影响。

②当消费者绝对收入与相对收入呈反向变动时，即一升一降，对消费者心理影响较大。它一般表现为绝对收入的上升，相对收入的下降。比如，当消费者的绝对收入增加以后，需求和购买欲望随之增加，但是当消费者进入市场以后，发现物价上涨幅度大于自己收入上升的幅度，或他人收入增加幅度大于自己收入增加幅度时，就会使原已膨胀的消费欲望受到打击，转而出现不稳定或失望的心理感觉。

3. 消费者的现期收入与预期收入

（1）现期收入

现期收入是指消费者在当前一定时期内所获得的收入，包括工资、奖金、利息、消费信贷收入，等等，也可以包括能转化为货币的财产。一般来说，消费者收入增加时，消费也会增加；收入减少时，消费也会减少。但是，收入和消费并不总是按相同比例增加或减少的。经济学家认为，从较长时期看，消费增长的幅度小于收入增长的幅度，因为消费者会按一个不断增大的比例把收入的一部分转化为储蓄。现期的实际收入与其他收入的最大区别在于，它为消费支出额规定了一个客观上限。

（2）预期收入

预期收入是指消费者以现期收入为基础，以当时的社会环境为条件，对今后收入的一种预计和估算。这种预计和估算取决于消费者对个人能力的信心和对社会发展前景的信心。

在一般情况下，当消费者的预期收入相对收入高于现期收入时，他可能增加现期的消费支出，甚至敢于举债消费，以提高现期的消费水平；反之，当消费者估计预期收入绝对或相对低于现期收入时，他将降低现有消费水平，减少日常支出，而较多地用于储蓄或投资，以期获得未来利益，以使未来消费水平不致下降，或可以提供基本生活保障。这种估计的心理基础往往是由于对社会发展和个人能力成长缺乏信心。

（二）消费者的支出

1.消费者的支出结构

收入在很大程度上影响着消费者的支出模式和消费结构。随着消费者收入的变化，支出模式与消费结构也会发生相应变化。通常而言，收入增加时，各项支出比率的变化情况为：食物费所占比率趋向减少，教育、卫生与休闲支出比率迅速上升。换言之，一个家庭收入减少，其支出中用于购买食物的比例越大，这便是恩格尔定律。食品支出费用占消费支出总额的比例，称为恩格尔系数。一般认为，恩格尔系数越高，生活水平越低；反之，恩格尔系数越低，生活水平越高。在我国，随着城乡居民收入水平的提高，恩格尔系数呈现明显下降趋势。当然，消费者支出模式与消费者结构不仅与消费者收入有关，还受到家庭生命周期所处的阶段、城市化水平、商品化水平、食物价格指数与消费品价格指数变动是否一致等因素的影响。

2.供给品价格

供给品价格对消费者需求的影响是通过需求法则来表现的。需求法则是指存在于商品的需求量和产品价格之间的负相关关系，也就是说，当商品价格下降时，消费者一般会购买更多的该种商品。我们可以通过两种途径来解释供给品价格对需求量的这一影响：一是收入效应，即某商品的价格降低后，消费者可以在不减少其他商品购买量的情况下更多地购买此商品，实际上就等同于提高了消费者的购买力；二是替代效应，即当某商品价格下降后，对其他同类商品的购买量将会下降。为满足同样的需求水平，对降价商品的购买量将会上升。

在市场营销过程中，企业常常以需求法则来作为促销策略的基础。比如，降低销售价格或给予各种折扣、折让等，因为在同样的质量和功效水平下，人们往往倾向于购买价格低的商品或服务。

3.机会成本

机会成本是指当一个人购买某个商品或从事某项工作时，所不得不放弃的购买另一种商品或从事另一项工作的价值。这个规定暗含的假定是：资源是有限的，并且某种资源被配置于不同的用途所产生的价值是不同的。机会成本的概念可帮助我们理解竞争。一般来讲，企业都将同行业内的其他公司作为自己的竞争者，但根据机会成本的界定，竞争者是可以跨行业的，因为消费者的购买力是有限的，如一个消费者持有一定的货币，他既可以购买一台电视机，也可购买几套高档服装，或存起来用于将来买房子，或用于下一代的教育。因为每次购买选择对某个特定消费者来讲，带给他的满足感、价值和附加利益都是不同的。消费者在做购买决策时，往往要选择对于他自身来讲机会成本最小的购买对象。

4.经济周期

一个国家的经济周期与消费者行为之间存在相互作用和影响的关系，一方面，消费者行为影响经济周期阶段的发展；另一方面，当经济处于不同周期阶段，消费者的行为是不同的。

一个国家的经济周期可以分为四个阶段：繁荣、衰退、萧条、复苏。在各个阶段，消费者的需求和消费者的信心方面的特征均有所不同。

在经济周期的高点上，国内生产总值最高，失业率最低，但商品价格较高，存在一定程度甚至比较严重的通货膨胀，消费者对经济发展的信心在下降。随着消费品价格的增长，利率也就逐渐增长。提高利率，会使消费者少借贷而多储蓄，这就造成了商品需求量的下降。销售商逐渐感到销售量在减少，商品库存积压增加，他们就会减少对制造商的订货，这样，制造商就必须降低生产水平，裁减工人。这时，经济就进入了衰退阶段。在经济周期的低点上，消费者的悲观程度在逐渐加深，对产品的需求量愈发减少，销售商的存货还在增多。幸运的是，销售商会最终处理完他们的存货，因为需求量的减少，价格开始下降，消费者开始偿还他们的一部分债务。在这一临界点上，经济周期进入了萧条阶段，此时失业率达到最大值，而国民生产总值达到最小值。在复苏阶段，销售商开始扩大存货水平，制造商接到更多的订单，产值和就业率都在逐渐升高，消费者变得越来越乐观。消费品需求量就会逐渐增长，消费者就会借更多的债务买更多的商品。但是，复苏阶段不会无限地进行下去，最后会达到繁荣阶段。这样就形成了一个经济周期的循环。

对于企业来说，理解和掌握经济周期对消费者行为的影响是非常重要的。有些国外的营销专家反复强调，在衰退期到来时，企业更需要通过市场调查，了解消费者对价值的重新定义和对经济衰退的反应，而不是削减市场研究的预算。在经济衰退时，消费者的钱包瘪了，这时候他们不再跟风，而是注重商品的价值，营销人员必须对每条产品线下的产品的需求量做出预测。这个时期，消费者喜欢多用途产品胜过专业产品，企业应该大力重视调整产品组合，果断地缩减较弱的产品项目或砍掉不适用的产品线。

当经济的衰退期开始出现时，企业应该用类似于家庭成员舒适地围坐在壁炉边和表现家庭温馨场面的广告，替换以前的极端体育的、冒险的和典型个人主义的广告。另外，不能削减广告费用，因为在经济衰退期，更多的消费者看电视时对广告增加的品牌比广告减少的品牌印象更深刻。

（三）消费者的储蓄和信贷

消费者支出不仅直接受消费者收入的影响，还要受其他经济因素的影响，如消费者的储蓄和消费者的信贷的影响。

1. 消费者的储蓄

储蓄来源于消费者的货币收入，其最终目的还是为了消费。但在一定时期内货币收入水平不变的情况下，如果储蓄增加，购买力和消费支出便减少；如果储蓄减少，购买力和消费支出便增加。所以，储蓄的增减变动会引起市场需求规模和消费结构的变化，对企业的营销活动会产生或大或近的影响，而储蓄的增加与减少又受利率水平、物价水平等多种因素的影响。在我国储蓄动机对储蓄的影响十分显著，近几年，为子女上学、社会保障的储蓄动机十分突出，排到储蓄动机的第一位或第二位，影响了一些家庭其他方面的消费支出。

2. 消费者的信贷

消费者的信贷也是影响消费者购买力和支出的一个重要因素。消费者的信贷是指消费者凭信用先取得商品使用权，然后按期归还贷款以购买商品。西方国家的消费信贷主要有短期赊销、分期付款、信用卡信贷等形式。现在我国消费信贷的形式也比较多。由于消费者可用贷款来购买商品，因而，消费者信贷的规模和变化将影响消费者或家庭的购买力的增减变动。

二、文化因素

（一）文化的含义和特征

1. 文化的含义

文化有广义和狭义之分。广义的文化是指人类创造的一切物质财富和精神财富的总和；狭义的文化是指人类精神活动所创造的成果，如哲学、宗教、科学、艺术、道德等。在消费者行为研究中，由于研究者主要关心文化对消费者行为的影响，所以本书将文化定义为一定社会经过学习获得的、用以指导消费者行为的信念、价值观、风俗和习惯等构成的复合体。

2. 文化的特征

（1）文化学习的习得性

文化是一种习得行为，它不包括遗传性或本能性反应。孩子在年龄很小的时候就被灌输文化价值观。从孩童起，就开始学习本国文化的价值观的过程被认为是一个文化传统的潜移默化的过程，而学习其他文化价值观则被认为是适应文化的同化过程。对文化的学习可以是非正式的学习（如外地人模仿当地的风俗）、正式的学习（如家庭人员教导儿童该如何言谈举止）或专门性的学习（如在学校中教育孩子）。

（2）文化影响的无形性

文化是无形的，它对人的思想和行为的影响也是潜移默化的。所以在大多数情况下，我们根本意识不到文化对我们的影响。如同鱼儿在水中生活而忽视了水的存在一样，人们总是与同一文化下的其他人一样行动、思考、感受。这样一种状态似乎是天经地义的。因此，要了解文化对人们日常生活的影响，就需要了解不同社会所具有的不同文化特征。例如，要理解有的社会中人们每天使用各自喜爱的牙膏刷两次牙是一种文化现象，就要知道另外一些社会中的人根本就不刷牙或者以非常不同的方式刷牙。

（3）文化存在的相对稳定性

社会文化是在一定的社会环境中形成的，因此具有相对的稳定性。一种文化一旦形成，便会在一定时期内发挥作用，并通过各种形式传递下去。同时，文化不是静止不变的，而是不断变化的。尽管文化变化十分缓慢，但文化确实会随着环境变化而改变，特别是由于科技的进步和社会生产力的发展（如互联网的发展与经济全球化），会出现新的生活方式，同时，价值观、习惯等也会发生变化。所以，对市场营销人员来说，不仅应该了解目标市场既存的文化价值观，还要了解正在出现的新的文化价值观。

（4）文化功能的规范性

现代社会越来越复杂，文化不可能规定人的一举一动，只能为大多数人提供行为和思想的边界。这种"边界"设置一般比较宽松，通过影响诸如家庭、大众媒体的功能而发挥作用。

通常所说的社会规范就是文化对个人的行为设置的"边界"，是群体共享的行为和思想方面的理想范式，也就是关于特定情境下人们应当或不应当做出某些行为的规则。当个人的行为与规范发生背离时，就要受到惩罚。惩罚方式多种多样，从轻微的不认同到被整个群体所抛弃。所以，社会规范对于人的影响更多的不是让你做什么，而是不能做什么。只有在孩提时代或学习一种新文化的过程中，遵循规范才会获得公开的赞许。在其他情况下，个人按文化方式行事被认为是理所当然的，并不一定会得到赞许或奖赏。

（二）中国文化对消费行为的影响

所谓消费者的价值观是指人们关于事物有无价值以及价值大小的根本观点和相关评价，主要有涉及他人的价值观和自我的价值观等。以此为基础，中国传统文化在理解有关的自己与他人、自己与集体、竞争与协作的关系上，在理解欲望和节制、现在和未来、男性和女性、个体和群体间应该如何相处或建立何种关系及应该怎样看待和评价其他事物等形成了自己独特的见解，并对消费者的心理和行为产生了根深蒂固的影响。

1. 面子消费

在自我与他人、自我与集体的关系中，中国传统文化影响下的个体形成差序格局的人际关系模式，因此，在自我概念上比较重视人与人之间的相互依赖关系，形成了区别于西方文化背景下独立性自我的依赖性自我。依赖性自我的主体会以他人和集体为中心，重视和依赖社会的认可、家人的支持等。以依赖性自我为中心的中国传统文化影响下的消费者，会极力地关注与自己相关的人对自己购买行为的反应，个体总是处于为了他人期望而生活以挣得面子的压力之下。因此，面子对中国传统文化影响下的消费者意义重大，面子文化影响下的消费行为和消费模式主要有炫耀性消费、攀比消费和象征消费。

通过这几种消费行为和消费模式，消费主体购买某种商品和服务并非单纯地出于物质和功能需求的满足，更多的是出于维护自己的面子的目的，强化他人对自己形象和地位的认知，对消费品的选择不仅仅基于好或不好这一理性认知，更多的是基于喜欢或不喜欢的情感态度。

因此，在消费过程中，凡是涉及"面子"的消费都格外小心谨慎，注意遵从各种礼仪规范，甚至为不失体面而不顾自身的经济状况，进行超前消费、超高消费、攀比消费、炫耀消费。人情消费在消费支出中所占比重较大，且逐年增长。在此类消费中，消费者对商品的情感性、夸耀性和符号性价值的要求，远远地超过对商品或服务的物质性价值。这几类消费中，涉及的主体范围非常广泛，购买行为受其收入限制的程度非常低，购买行为很大程度上在于维护面子，因此，对商品的价格不太敏感，但是对商品的包装和文化寓意高度关注。

2. 家庭伦理消费

中国的社会关系是以自我及其家族为中心不断地向外延伸扩展的。中国传统文化影响下的消费者家庭情结和家族伦理观念极重，注重家庭和家族的整体利益和发展，自我排序比较靠后，习惯"前人栽树，后人乘凉"。

中国文化以重人伦为特色，即强调伦理关系。我国传统文化的核心，就是以伦理道德为核心的儒家文化，而儒家文化的伦理观念就是从最基本的血缘关系发展而来的。中国人非常看重家庭成员的依存关系，以及在此基础上的家庭关系、亲戚关系，中国传统社会的人际关系都是从夫妇、父子这些核心关系派生出来的。企业有新产品投放市场时，品牌形象可视情况突出人伦消费方面的特点。

家庭伦理观念、儒家思想及伦理道德观念在中华民族的社会道德传统中有着很大影响。中国的消费者历来都非常重视家庭成员及家族之间的关系。由于强烈的家庭观念，在消费行为中往往以家庭为单位来购买商品。传统的家庭伦理观念仍然保持着，亲子之间的相互依存关系极为明显。一个家庭往往就是一个消费单位。

对于许多传统文化影响下的消费者而言，买房置地是家庭甚至整个家族发达的象征和标志。房子作为一种家业，是可以一代代的家族延续传承的物质财富和家族文化的证明。反之，子孙中如有人变卖了祖产，就会被贴上"大逆不道"的标签。

3.关系消费

在差序格局模式下,首先注重的是关系,其次才是事情本身。这就形成了消费行为中独特的关系消费和礼品消费,这些都是关系文化的集中体现。关系消费中的消费者的具体行为具有很大的差异性,但其行为的最终目的相同,都是为了建立良好的人际关系。比如,我国许多地区酒场文化非常突出,其实不管是商务关系中的以吃喝为代表的公关消费,还是亲友往来的喝酒聚会,其最终目的都是为了建立良好的社会人际关系,以期在良好社会关系的基础上,拉近与他人的社交距离。传统文化影响下的中国消费者特别重视日常生活中的人情往来,在人情往来时,既为了巩固和拉近个体间的距离,又能体现自己的实力和面子。

在关系消费和礼品消费中,消费价值的中心是关系,此类消费行为从时间上来说具有长期性、互动性的特点,且所消费商品的类型与节日情景或办事的难易程度具有相关性。一般情况下,购买者和使用者相分离。

关系文化被视为了解中国消费者行为的核心概念。消费者的交易活动往往不是单纯的经济利益关系,还有人情往来、互惠交换、面子问题等微妙复杂的方面。消费者的购买行为往往不仅仅是一种经济交易,而是一种社会互动和关系交往。

第二节　家庭环境因素

家庭环境是指家庭的物质生活条件、社会地位、家庭成员之间的关系及家庭成员的语言、行为及感情的总和。家庭环境从多层次、多侧面影响家庭成员,并且直接影响家庭成员的消费行为。

一、家庭的含义与家庭消费的特征

(一)家庭的含义

家庭是指一种居住在一起并具有血缘和婚姻关系的群体。家庭与住户并不相同,住户包括家庭与非家庭;家庭的类型包括已婚无小孩的夫妇、已婚有小孩的夫妇、单亲家庭、未婚家庭和延伸家庭;而非家庭的类型则主要包括单身一个人和与之同居的室友。

传统意义上的家庭可以有很多形式，比较常见的包括核心家庭、延伸家庭和单亲家庭。核心家庭是指已婚的夫妇和一位或一位以上未满 18 岁的小孩居住在一起的家庭；延伸家庭是指单个家庭内至少有一位祖父母（外祖父母）同住的家庭，即三代同堂的家庭。另外，由于离婚率的增加，由父母中单独的一人和小孩所构成的单亲家庭数量也在增加。

（二）家庭消费的特征

1.广泛性

作为社会生活的细胞单位，人的一生中的大部分时间是在家庭中度过的。因此，家庭消费就成了人们日常消费的主体。在人们购买的商品中，绝大多数都与家庭生活有关，家庭消费几乎涉及生活消费品的各个方面。例如，从最常见的日用品到高档耐用消费品，往往都是以家庭为中心进行购买的。

2.阶段性

现代家庭呈现出显著的发展阶段性，大致可划分为单身时期、新婚时期、育幼时期、成熟时期和空巢时期五个阶段。处于不同发展阶段的家庭在消费活动方面存在显著的差异，并且表现出一定的规律性。

3.差异性

由于家庭结构、家庭规模、家庭关系、家庭收入水平等方面的不同，不同家庭的消费行为具有很大的差异性。

4.相对稳定性

排除家庭剧变的特殊影响，大多数家庭的消费行为具有相对稳定性。这主要是由于家庭日常消费支出存在着相对稳定的比例关系，而且大多数家庭都能维持融洽而紧密的关系，形成了各自独特的家庭消费观念与习惯，具有很强的遗传性功能。特定的内外环境对家庭消费的稳定性具有重要的维系作用。并且，这种稳定性会随着社会经济的不断发展而呈现稳步上升的趋势。

5.遗传性

家庭消费的遗传性是指由于每一个家庭都归属于某一民族、社会阶层或宗教信仰，并受一定的经济条件、职业性质及教育程度的制约，由此形成自身的家庭消费特色、消费习惯和消费观念等。而这些具有家庭特色的习惯及观念，会在日常消费行为中由祖父母或父母潜移默化地传给后代子女。当青年一代脱离原有家庭、组建自己的家庭时，必然带有原有家庭消费特征的印迹。

二、家庭购买角色

人们在家庭中的身份地位或相应的行为模式，叫作家庭角色。一个人在家庭中可以同时承担多种角色，如既是丈夫又是父亲。家庭角色具有对应的性质，妻子对应于丈夫，父母是对应于子女的。家庭成员结成各种角色关系。家庭角色是自然确定的，不可以随意地扮演，如一结婚就要承担丈夫或妻子的角色，一出生就确定了儿女的角色。

家庭中的各种角色分别具有相应的角色规范，承担相应的义务。不同的角色对家庭事务有不同的分工，如父母就要养育和教育子女，维持和发挥家庭的功能。

按我国过去的传统，在整个家庭活动中，主要承担家务工作、协调家庭关系的家庭角色的，是家庭主妇。俗话说"男主外，女主内"，已婚女性不论参加工作与否，都要花费更多的时间和精力操持家务和抚养后代。婚姻基本是女性到男方家中，由于女方的加入改变了原有的家庭关系结构。在小家庭中，家庭主妇在协调家庭矛盾中也居于主要地位。

从现代家庭的发展来看，男性也越来越多地分担家庭主妇的角色。在现实生活中，消费通常是以家庭为单位进行的。在一个家庭的购买活动中，每个家庭成员都可以扮演不同的角色，起到不同的作用。按其在家庭购买决策过程中所起的作用不同，可分为五种不同的角色。

（1）发起者。第一个建议或想要购买某种产品或服务的人。

（2）影响者。影响发起者的建议，对最后决策有直接或间接影响的人；为购买提供评价标准和哪些产品或品牌适合这些标准之类的信息，从而影响产品挑选的人。

（3）决定者。对最后购买做出决定的人，有权决定购买什么及何时购买的家庭成员。

（4）购买者。从事实际购买的人。实际进行购买的家庭成员与决策者可能不同。比如，青少年可能会授权决定购买何种汽车甚至何时购买，但是父母才是实际与经销商进行议价并付款的人。

（5）使用者。在家庭中实际消费或使用由他们自己或其他家庭成员所购产品的人。有时家庭中产品的使用者不一定是购买者。比如，儿童所喝的饮料，其广告的诉求对象应该是母亲，因为她们才是产品的决策者及购买者。

同样在家庭里，母亲和妻子是大部分日常用品的购买者，包括孩子和丈夫的用品。有些购买活动中，由一人承担大部分角色，也有一些购买由多人承担不同的角色。一般来说，发起者和使用者多为同一人，但是发起者所提供的信息和建议却不一定被采纳，这取决于他在家庭中的地位和影响。影响者决定了家庭在一次购买活动中掌握的信息，他们对信息进行分析处理，是其他人做出决定的重要依据。实际购买者有时也会承担信息收集任务，因为其对于这类产品比较熟悉。

在消费上，不同家庭成员对购买决策的影响受家庭的类型、特点、商品价格与购买风险的大小等因素的影响。购买不同的商品，每个家庭成员所起的作用是不一样的。但从总体上来说，每个家庭成员在不同商品的购买决策中扮演的无外乎上述五种角色。

家庭购买过程中的每一个角色，对企业产品设计、信息传递、营销方案、营销预算的分配都会产生影响。对于企业来讲，了解家庭成员在购买和消费中扮演的不同角色和各自所起的作用，回答"谁最可能对企业的产品产生兴趣，谁将是产品的最终使用者，谁最可能成为购买产品的最终决策者，不同类型的商品通常由谁来实际购买"等问题有利于营销策略的制定。在分析、研究各种家庭购买角色及其相互之间影响的基础上，企业要找出决定购买者，并对决定购买者采取各种诱导购买的有效措施和营销手段，以扩大企业产品销售。

三、家庭生命周期与消费

家庭生命周期的观念包含于消费者生命周期的观念之中。消费者生命周期的观点认为消费者的行为和时间之间存在着某种系统性的关系。因此，家庭生命周期的观念是认为消费者行为和家庭的不同发展阶段之间存在着某种关联，家庭生命周期对消费行为有着重要的影响。家庭生命周期是基于从家庭组建到家庭解体之间所经历的一连串各自不同家庭发展的形态，就如同一个人的生老病死一样，故称为家庭生命周期。家庭生命周期中的各种家庭形态，因为情况各异，往往具有不同的需求。对于家庭成员而言，处于不同的家庭形态，其消费行为也会受到各个不同家庭形态的独特需求的影响。一般可以把家庭生命周期分为青年单身、已婚无子女、子女较小、子女长大尚未独立、夫妻年老子女独立、家庭逐步解体六个时期。

（一）青年单身期

单身青年主要是指已长大但尚未结婚者。随着社会经济的发展，这个数字有增大的趋势，城市与农村之间以及不同地区之间，单身青年的年龄会略有差别。在国外，这种家庭大多称为单身家庭。

但是，我国的情况有所不同，尽管孩子已经成年，并且有了工作，有了收入，但是只要还未结婚，大多数人就仍然会与父母住在一起，因而，多不构成家庭。在这一时期，单身消费者多具有为自己未来的家庭做物质准备，或通过物质消费与精神消费来达到表现自我的消费心态。他们往往并不过多地考虑父母或其他亲人的需要，而是把自己的收入大多用于储蓄或购买预期消费品。

（二）已婚无子女时期

这一时期的家庭主要是指已婚但尚未养育子女的青年夫妻家庭。这种家庭大多独立生活，经济也独立，一般无过重负担。因为其父母尚在，一般还不需要子女赡养，并且可以帮助子女，因此，其经济状况多为较富裕时期。这一时期消费心理多为小家庭或以夫妻为中心的消费观（以规划和发展自己的小家庭为目的），这时的消费较多地带有浪漫色彩。发达国家和我国大中城市青年中，特别是文化层次较高或较为开放的地区，这一时期有加大或延长的趋势，即婚后较长时间内不养育子女。

（三）青年夫妻子女较小时期

这一时期多指子女出生至上中学时期。这一时期的家庭较前一时期有显著的变化，即家庭的经济负担开始加重，尤其以工资为主要生活来源的家庭更为突出。由于人们育儿观念的转变，子女的生活、教育开支在家庭消费支出中的比例日趋加大。培养子女、望子成龙或望女成凤的强烈愿望使孩子们能得到超高的消费，而家长的消费水平由于经济原因往往很难提高，有时甚至会下降。

（四）子女长大尚未独立时期

这一时期的家庭多指子女在大学读书或较早参加工作的家庭。这一时期家庭的基本消费状况如上一时期，但以子女消费为中心的观念已稍有淡化。这时，父母对子女的日常花费常有一定的约束和限制，以培养子女未来自主生活能力为目的。同时，父母开始为子女的预期消费做更充分的准备。例如，为子女结婚或进一步深造、家庭保健进行资金上的筹备。这一时期往往也是中年最艰难的时期。这一时期的日常消费最突出的表现是求实心理甚至求廉心理，储蓄意识增强是这一时期最显著的特点。

（五）夫妻年老子女独立时期

在这一时期，子女均已建立自己的小家庭，开始独立生活；夫妻也已近老年，年龄已近退休。这时的家庭经济状况一般较好，其消费观念往往表现为两种不同类型：一类继续以子女甚至下一代子女为消费的着眼点，但实际支出比例已大为下降；另一类则基本上与子女无过多的经济往来，较为重视自身的存在价值。消费也趋向以营养、保健、舒适为标准，更多地体现老人的消费情趣。

（六）家庭逐步解体时期

这一时期的家庭多以夫妻双方一方去世或生活自理能力极大下降为前提，进而转向对子女的依靠。由于自身生活能力不足，消费行为也随之减少，甚至没有购买能力。这时的消费基本上以饮食和保健为主，穿、用方面的消费则更低。对于有较多退休金的老人，这时的嗜好心理往往趋于增强，同时也舍得花费较多的钱以满足其嗜好心理。例如，养花、养鱼、养鸟或读书、作画、书法、收藏等。

由此可见，在家庭生命周期的各个阶段，家庭的购买行为会有所不同。研究生命周期各个阶段家庭的购买行为及其所呈现的特点，可以为市场营销部门提供寻求新的目标市场的机会。

四、家庭购买决策

（一）家庭购买决策类型

家庭购买过程中的每一个角色，对企业产品设计、信息传递、营销方案、营销预算的分配都有影响。对于企业来讲，了解家庭成员在购买和消费中扮演的不同角色和各自所起的作用至关重要，在群体决策中，营销人员所关注的一个重点是其主导类型。通常，典型家庭决策的类型分为以下几种：①妻子主导型。由妻子来进行大部分的决策。例如，厨房与浴室内的物品。②丈夫主导型。由丈夫来进行大部分的决策。例如，手工工具、音响。③共同主导型。大部分的决策是由妻子和丈夫一起商议后，共同做出的。例如，房子、汽车和家具。④各自主导型。由丈夫和妻子各自独立进行大部分的决策，例如，个人的生活用品，妻子的化妆品、丈夫的刮胡膏。⑤交叉主导型。由丈夫或妻子分别替对方来进行大部分的决策。例如，丈夫替妻子买香水，妻子替丈夫买领带。

（二）家庭购买决策类型的影响因素

一个家庭属于什么类型的购买决策方式，并不是一成不变的，而会随着一些因素的变化而发生改变。一般情况下，通过决定成员的相对影响力，从而影响家庭购买决策类型。

1. 个人特征

这主要包括收入、受教育程度、年龄、能力等。通常拥有更多收入、对家庭的财务贡献更大的一方，在家庭购买决策中更容易占据主导地位。而一个家庭中，妻子所受到的教育程度越高，所参与的重要决策也就越多。

2. 产品因素

这一因素主要包括家庭成员对特定产品的介入程度和产品特点两个方面。不同的家庭成员对特定产品的介入程度是不同的。例如，儿童玩具、学习参考书等产品，孩子们会特别关心，影响力也较大；而对于厨房用品、洗衣机等家用电器，由于不关心，因此，孩子的影响力就比较小。家庭购买决策类型还会因产品特点的不同而异。某个产品对整个家庭都很重要，或购买风险很高时，家庭倾向于采用民主型决策；当产品只为个人使用，而且购买风险不大时，自主型决策更为普遍。

3. 文化或亚文化中关于性别角色的态度

在我国不发达的农村地区，由于受传统观念的影响，家庭多以男性为核心，男性更高的家庭地位使得他们对家庭购买决策的影响也更大。而在一些大城市，人们受传统家庭观念的影响相对较小，家庭成员的地位较为平等。因此，家庭决策类型更多地出现相互依赖型、各自做主型以及妻子主导型。当然这并不是绝对的，就是在偏远农村中也有不少女性当家做主的家庭。

4. 角色分配

传统上，丈夫负责购买机械和技术方面的产品，例如，负责评价和购买汽车、保险、维修工具等；妻子通常负责与抚养孩子和家庭清洁有关的产品。例如，孩子的食物与衣服、厨房和厕所用的清洁剂等。家庭中的角色分配还与家庭所处的生命周期密切相关。刚组建家庭的年轻夫妻会更多地采用民主型决策。随着孩子的出生和成长，家庭内部会形成相对稳定的角色分工。之后，随着时间的推移，这种分工也会相应地发生变化。当然，随着社会的发展，现代家庭中的性别角色已不像过去那么明显，夫妻双方的购买角色越来越多地呈现出融合趋势。

5. 情境因素

一些情境因素也会影响购买决策的类型。例如，当购买产品的时间充裕时，民主型决策出现的可能性很大；而当时间紧迫时，就会更多地采用丈夫或妻子主导型以及自主型决策。

第三节 口碑传播、创新扩散因素

一、口碑传播与消费者行为

（一）口碑传播的含义与特点

1. 口碑传播的含义

口碑传播是指一个具有感知信息的非商业传播者和接收者关于一个产

品、品牌、组织和服务的非正式的人际传播。大多数研究文献认为，口碑传播是市场中最强大的控制力之一。心理学家指出，家庭与朋友的影响、消费者直接的使用经验、大众媒介和企业的市场营销活动共同构成影响消费者态度的四大因素。由于在影响消费者态度和行为中所起的重要作用，口碑被誉为"零号媒介"。口碑被现代营销人士视为当今世界最廉价的信息传播工具和高可信度的宣传媒介。就营销研究领域而言，有人主张把口碑传播作为营销方法来研究，以丰富既有的营销理论。

2.口碑传播的特点

口碑传播属于非正式的人际传播，具有以下特点：

（1）针对性强

广告繁多，营销人员的传播活动和人们的购买决策过程更加复杂。对消费者来说，有用的信息可以创造价值，极大地节省时间和精力，垃圾信息却会浪费时间和精力。大规模的广告宣传强迫消费者片面地接受某一类信息，阻碍了消费者充分了解和比较其他信息。对营销者来说，日益复杂的传播活动不但增加了营销的难度和成本，更减弱了传播活动的效果。

口碑营销传播借助公众间的人际传播方式进行，在这个过程中，每个人都是信息的发出者，也是信息的接收者，影响他人，同时也受他人的影响。传播者了解信息接收者的爱好和需求，可随时调整信息内容，满足对方需求，增强说服力，提高传播效果。消费者通过积极的交流回应也能及时地知道自己关心的消费品的种类、品质、价格、市场供给状况及其变动趋势的信息。对营销者来说，省去高昂的媒体购买和广告制作费用，提高了传播到达率和投资回报率，这是广告等大众传播手段所无法企及的。

（2）可信度高

广告和销售人员宣传产品一般都站在企业的角度，为产品或服务提供者的利益服务，消费者有理由怀疑其真实性和准确性，排斥接受那些明显带有商业目的、为企业的利益服务的宣传口号；口碑传播者是和自己一样的消费者，与产品或服务的提供者没有密切的关系，独立于企业之外，也不会因推荐产品而获得物质收益。

此外，人际传播中的双方多同处家庭、朋友等群体中，其文化、观念、意见和价值判断相当接近，双方相互间容易理解和认同消费观念，容易相信和接受传播的信息。消费者认为，相对于企业的计划性信息，口碑传播信息更客观、更独立，更值得信任。

（3）传播成本低

"口碑传播"是最廉价的传播媒介，也是最可信的宣传工具。与广播电视、报刊日益上涨的宣传费用相比，口碑传播的成本是最低的，它利用人类传播信息的天性，不用另外付费，成本几乎为零。良好的口碑是企业的巨大财富，它的形成需要企业方方面面的配合，前期需要投入较大人力、物力、财力，而口碑一旦形成，消费者就会自行宣传企业的产品和服务，并且很容易形成稳定的忠实顾客群，这会大大节省广告费用。好的口碑自然会得到良好的宣传效应。更重要的是，人们对它的信任度远远超过其他传播媒介。

（4）有利于树立良好的企业形象

口碑传播不同于广告宣传，前者是企业的良好形象的象征，后者仅是商家的商业行为。口碑传播是消费者满意度较高的表现，夸张的广告宣传可能引起消费者的反感。拥有良好口碑的企业往往受社会公众的拥护和支持，企业赢得好的口碑后，就能拥有高知名度和美誉度，具有良好的企业形象。良好的企业形象一经形成，就会成为企业的无形资产，有利于产品的销售与推广以及新产品的推出。

（5）形成顾客忠诚度

拥有良好的口碑是赢得回头客的保证，也是反映产品和品牌忠诚度的重要指标。消费者信任和喜爱口碑良好的企业，会在情感上认同、接受其产品和品牌，经由满意的体验而上升为依赖和忠诚。

（二）口碑传播的内容层次

口碑传播的层次性主要是从口碑传播的内涵出发的一种分层。口碑传播的内涵包括口碑传播活动和口碑传播效应两个层面。而口碑传播效应一般划分为褒扬效应和负面效应两个层次。

1.口碑传播活动

口碑传播活动涉及传者的传播激情和传播细节。传播激情关系到口碑传播发生的频率和口碑传播的广度（传者会向多少人传递口碑信息）；传播细节关系到口碑传播的深度（有多少口碑信息会被涉及）。接收者的规模、传播的频率以及口碑信息的数量构成了口碑传播网。就营销角度而言，这些因素都是非常重要和必要的。

2.口碑传播褒扬效应

现有的口碑传播研究对传播效应的研究比较多，并且主要集中在其正面效应，即褒扬效应上。顾客接受了高质量的服务之后会感到满足和愉悦，继而会产生向他人传递自身感受的冲动，这就是对服务供应商的褒扬。

3.口碑传播负面效应

实际上，负面的口碑传播同样是普遍存在的。例如当顾客感知的产品或服务质量低于其预期时，他们会感到不满，继而产生抱怨，并把这种感受传递给他人。因而，口碑传播其实是把双刃剑，当产品或服务的质量未能随顾客期望的提高而不断提升时，口碑传播给产品或服务供应商带来的就是负面影响。

（三）口碑传播的结果

口碑传播的结果主要体现在购前和购后两个阶段。处于购前决策阶段的消费者会受口碑信息的影响，从而产生一定的购买行为；同样，处于购后评价阶段的消费者也会受口碑信息的影响，做出正面或负面的评价。

1.购买行为

由于存在产品信息的不对称性，尤其是无形服务所带来的决策风险，消费者在购买产品或服务时倾向于接收口碑信息，甚至主动搜寻口碑传播。当口碑传播信息与口碑接收者自身感知的产品或服务质量基本吻合时，口碑信息易影响口碑接收者的购买决策，最终促使其产生与口碑信息相一致的购买行为。即在口碑传播褒扬效应的作用下，消费者会购买传者推荐的产品或服务；而在口碑传播负面效应的作用下，消费者会放弃对传者抱怨产品或服务的选择。

2.同向评价

当消费者发现产品或服务的现实质量与其预期不一致时，极易受口碑传播的影响做出与口碑传者同向的评价。这里的评价既包括购前消费者对购买对象的评估，也包括购后消费者对消费经历的评判。

3.进一步传播

当消费者感知的产品或服务质量超出其预期时，消费者会感到满意，但满意的顾客未必都会进行口碑传播，而此时消费者若接收到与其消费经历相符合的口碑信息，就会强化其满意感，从而产生进一步口碑传播的冲动。

二、创新扩散与消费者行为

（一）创新扩散的含义与过程

1.创新扩散的含义

创新是指被相关的人或群体视为新颖的构思、操作或产品。某个产品是不是创新产品，取决于潜在消费者对它的认知，而不是对其技术改进的客观衡量。某些产品可能已有悠久的历史，但如果该产品被消费者认为有新颖之处，便是创新产品。有些创新对消费模式的影响是有限的，顾客购买产品后，仍可按原来的方式使用。根据对原有消费模式的影响程度，可将创新分成两种类型。一是动态连续创新，指对原有产品的某个不太重要或中等重要的行为领域进行重大改变。这种创新会对原有的消费模式加以改变，但又不是彻底的，如 MP4 就是在 MP3 的基础上进行的动态连续创新。二是非连续创新，指引进和使用新技术的创新，要求顾客必须重新学习和认识创新产品，彻底改变原有的消费模式，如眼部激光手术。另外，根据创新的动力来源，即创新来源于科技本身的发展还是消费者的需要，可以将创新分为技术驱动型创新和消费者驱动型创新。

所谓创新扩散，是指新产品上市后随着时间的推移不断地被越来越多的消费者所采用的过程。也就是，新产品上市后逐渐地扩张到其潜在市场的各个部分。

2.创新扩散的过程

创新扩散的研究一般包括两个问题：一是新产品的扩散过程，二是新产品购买者分类研究。前者探讨的是新产品扩散的过程，后者探讨的是创新产品在不同时间购买者的特点。

消费者对新产品有一个认识决策的过程，有关潜在需要有一个显化、形成动机的过程，所以新产品的扩散要经过相当长的一段时间，并且新产品扩散时也不会出现所有消费者同步购买的现象。由于消费者之间存在多种差异，所以消费者会在不同时期进行购买，从而呈现出多种形态的新产品扩散曲线。

传播学者罗杰斯在新事物发展的 S 曲线理论中指出，几乎大部分新思想、新事物的创新扩散的传播过程呈 S 形曲线。开始人数很少，扩散的进程很慢，但人数增加到居民的 10% ~ 25% 时会突然加快，曲线呈迅速上升趋势，而在接近于最大饱和点时再次慢下来[①]。美国的消费者行为学研究者霍金斯等认为，无论所研究的创新产品或涉及的消费群体是什么，扩散过程随着时间的推移都会呈现出相似的模式：相对缓慢的增长阶段，接下来是快速增长阶段，最后又是缓慢的增长阶段。[②] 但这种模式也有例外，对于像饮料这类连续创新产品，开始的慢速增长阶段可能被跳过；而有些创新的电子类产品，在最后的缓慢增长阶段即将到来时，会被更富有创新意义的产品挤出市场，形成戛然而止的局面。此外，不同新产品从导入市场到达到市场饱和的时间是各不相同的，从几个星期、几个月到几年不等。

（二）创新产品不同时间采用者的特点

一种产品在贯穿生命周期期间，随着时间的推移，使用新产品的人数会呈现正态分布。一小部分消费者会很快采用创新产品，另一部分消费者则需经历一个漫长的过程，而大多数消费者介于这两者之间。

消费者对新产品的接受是不同步的，有的人最早购买新产品，有的人在大多数人购买之后才会购买。罗杰斯在《改革与扩散》一书中，按消费者接受新产品时表现出来的个性差异和接受新产品的时间先后，把消费者划分为五种类型，即创新采用者、早期采用者、早期大众采用者、晚期大众采用者和落后采用者[③]。每类新产品采购者的个性特点都具有相似性，而各类采购者的个性特征又存在显著区别，他认为这是消费者购买时间顺序上存在巨大差异的原因所在。当然，消费者对新产品的接受还受年龄、收入状况、社会交往程度、受教育程度、性别和文化等因素的影响。

1. 创新采用者

创新采用者其性格特点属于革新型，喜欢冒险，而且愿意承受创新可能带来的风险，占全部潜在采用者的 2.5%。

2. 早期采用者

早期采用者一般事业有成，受过良好的教育，总体上比较年轻，通常是

---

① 龚雪. 从创新扩散理论看小程序的兴起 [J]. 现代交际，2019（11）: 66-67.

② 德尔·I. 霍金斯. 消费者行为学 [M]. 北京：机械工业出版社，2000：234.

③ 杨强，丁勇. 移动互联时代技术创新产品扩散机制与对策 [J]. 经营与管理，2020（04）：10-11.

当地参照群体中的意见领袖。他们有较强的交际能力和较广泛的社会关系，信息来源比较广泛。这类消费者的消费观基本属于开拓、创新型，他们往往对新产品表现出较大的兴趣和较强的好奇心。这类消费者占全部潜在采用者的13.5%，对新产品的扩散有较大影响。

3. 早期采用大众

早期采用大众是新产品的基本消费者，占全部潜在采用者的34%。这类消费者的购买心理是顺应社会潮流，不愿做时代的落伍者，同步心理、从众心理对他们的头面人物行为起决定性作用。这类消费者多是收入一般的中青年，他们的社会交往不是十分积极，但也不是消极的，其信息也较为灵通，进入市场的新产品如果能为早期采用大众接受，就说明它是成功的。

4. 晚期采用大众

晚期采用大众是收入偏低或比较节俭的中年人，占全部潜在采用者的34%。他们的信息不够灵通，其性格共同点是谨慎小心，对新事物存有戒心，反应缓慢，购买行为迟缓。只有在大多数人都已购买使用，证明新产品确实能给消费者带来一定的利益和好处时，他们才会购买。

5. 落后者

落后者一般是收入较低或节俭成性的中老年人，占全部潜在采用者的2.5%。他们遵从传统观念，有较强的消费惰性，对新事物的态度趋于稳定，不易改变。

（三）新产品扩散过程与企业营销策略

由于消费者之间存在多种差异，对新产品的了解有快有慢，有前有后，所以消费者会在新产品扩散的不同时期进行购买，这就意味着企业要针对不同时期购买的消费者采取不同的营销策略。另外，企业应该努力寻找影响扩散的障碍，实施促进扩散的有效策略。

根据创新产品的早期采用者与晚期采用者有所不同的特点，企业应当采取一种移动的目标市场策略。也就是说，在目标市场大致选定后，企业应当首先把注意力集中在目标市场中最有希望成为创新采用者和早期采用者的消费者身上。在向这部分人群宣传产品功能特点时，应强调产品的新颖和独特之处。由于这个群体十分关心并精通于产品种类，营销沟通时还可以将重点放在产品的技术特点上，然后让受众自己去理解这些特点会给他们带来的好处。

第四节　情境、商店环境因素

一、情境与消费者行为

（一）情境理论

就情境来讲，主要是消费者在进行消费活动的过程中，所面临的较为短暂的环境上的因素，如气候条件、周边的拥挤程度以及心情等众多方面。在心理学中，"情境"是一个术语，是建立在环境因素基础之上的，通过融入人的情感以及认知等方面所形成的一个十分特殊的环境。因此，也可以说，情境并不是客观存在的社会环境，也不是实际可以看见的物质，而是与两者之间有着一定的联系，且又独立于消费者与商品之间属性之外的因素组合。有关学者认为，情境主要是由五方面的因素所构成的，其中就包括了物质、社会、时间、任务以及先行状态。在情境理论提出以后，人们开始对情境因素进行了简要研究，主要分为对品牌的选择、购买的意愿以及涉入度等方面的影响。但是不同的人对于消费行为上有着不同的见解。总之，情境因素是解释消费行为的主要变量之一。

（二）情境的构成因素

情境的构成因素是物理环境上的因素。就物理环境来讲，其实就是指不会占据空间的环境。也就是说，属于一种无形的或是不可见的因素。

1.颜色

就现代商业空间来说，所选用的颜色可以实现信息传递、烘托气氛等作用。且注重在颜色上的设计，可以为消费者构建出一个鲜明与舒适的购物环境，从而促使消费者主动进行消费。此外，声音、灯光等方面也会对人的消费行为产生影响。

2.人际

对于人际环境来说，主要是影响消费者行为的其他人，其中就包含了同伴以及营业员。首先，就同伴来说，消费者结伴逛商店的原因有许多，如从社交的角度出发，来与其他人建立良好的关系；从展示自己的角度来说，则可以向其他人展示出自己的经济地位以及鉴赏能力等方面。其次，从营业员的角度来说，当消费者与营业员在进行交易的过程也就展现了商品以及货款交换，同时还可以体现出营业员的交际能力、技巧等。

3. 时间

就时间来讲，在一定程度上直接影响着消费者的行为。也就是说，首先，主要是针对自然界中客观的时间概念，如一周中的星期几或是一年中的哪一个月份等。如就便利店来说，主要就是利用了人们的时间观念上的影响因素。随着人们生活节奏的不断加快，一些消费者在日常生活中受到时间压力方面的影响，这样，也就没有过多的时间进入到商场中进行购物消费。因此，便利店便是针对这些时间较紧的消费者所创建的。

4. 人员密度

就人员密度来讲，主要是针对店面的面积与消费者之间的对比关系所产生的，同时，也直接地反映出商场中的拥挤状况，并对商场中的环境氛围造成了直接的影响。这主要是因为没有人愿意在环境十分拥挤的商场中来选择购物，且在这种环境的影响下，很容易让消费者产生没有安全感的心理，这样也就产生了压抑的情感。因此，商场在设计的过程中，就要先对客流量以及营业面积等方面进行考量，以此来减少商场中出现拥挤的现象。

5. 购买任务

就购买任务来说，主要是消费者在这一时间段中所出现的特定购买目的，也就是说，所购买的商品是供自己使用还是送人等。受到购买目的的影响，消费者所采用的购买方法与标准也是不同的。

6. 心境

就心境来说，主要是消费者在消费过程中的情绪情况。对于心境来讲，不仅影响到消费者的消费过程，还影响到消费者对商品的满意程度。如人们在愉悦的情绪下对选购的商品十分满意，而在情绪消极的状态下，所选购的商品则问题较多。

（三）情境中的类型

1. 获取信息

就获取信息来说，主要是消费者在消费过程中与商品相关或是与商场相关的通过交流所产生的信息。且对于消费者来说，一些有价值的信息常常是在无意中获取的，而一些信息则是需要有意识地寻找的。因此，商场就可以通过广告或者促销等方面来为消费者提供信息。

2. 购买情境

消费者在消费过程中所接触到的环境因素，可以说在不同环境的影响下，消费者的消费行为也就不同。除了营业员以及同伴上的影响外，店中人员的密集程度、商场中的接触以及对商品的接触也有着极为重要的作用。就商场因素来说，核心问题就是怎样将消费者吸引到店中来，所以也就涉及商场所处的位置以及消费者对商店与品牌的认识等方面。而对于商品接触来说，主要是指商品的摆放、陈列等。从促销的角度出发，可以将商品陈列看作最直接的实物广告。

二、商店环境因素与消费者行为

（一）商店选址与消费者行为

行家嘴边上常挂的一句话是："做买卖第一是选址，第二是选址，第三还是选址。"可见，"地利"是影响消费者对商店选择的重要因素之一。另外，除此之外，商店的规模和距离也是消费者对商店选择的重要因素。消费者对商店的选择，可以用引力模型来解释。

1. 零售引力法则

如果有一位消费者居住在位于两个城市之间的城镇，那么，这位消费者如何选择在两个城市的商店？美国学者威廉·J. 赖利早在 20 世纪 20 年代末提出了零售引力法则。根据零售引力法则，吸引消费者的零售引力与两个城市的人口成正比例，而与中间城镇距离的平方成反比例。其公式如下：

Ba/Bb=（Pa/Pb）（Db/Da）^{2}

其中，Ba 为城市 A 对 A、B 城市中间某地 C 处顾客的吸引力；

Bb 为城市 B 对 C 处顾客的吸引力；

Pa 为城市 A 的人口；

Pb 为城市 B 的人口；

Da 为城市 A 与 C 处的距离；

Db 为城市 B 与 C 处的距离。

根据这个公式，消费者将依据城市的人口和到其居所的距离作为选择购物地点的参考因素。一个城市的人口越多，距离越近，消费者去这个城市购物的可能性越大。在这里，人口因素不仅仅代表了城市规模，同时也暗含了商业规模。因为，人口多的城市，商店的数量会更多，质量也会更高，因此对消费者的吸引力也就越大，这就是所谓的"零售引力"。

2. 哈夫概率模型

在哈里斯的市场潜能模型的基础上，美国加利福尼亚大学的经济学者戴维·哈夫教授于 1963 年提出了关于预测城市区域内商圈规模的模型——哈夫概率模型。

哈夫认为，从事购物行为的消费者对商店的心理认同是影响商店商圈大小的根本原因，商店商圈的大小规模与消费者是否选择去该商店进行购物有关。通常而言，消费者更愿意去具有消费吸引力的商店购物。这些有吸引力的商场通常卖场面积大，商品可选择性强，商品品牌知名度高，促销活动具有更大的吸引力；而相反，如果前往该店的距离较远，交通不够通畅，消费者就会比较犹豫。

哈夫提出，商店商圈规模大小与购物场所对消费者的吸引力成正比，与消费者去消费场所感觉的时间距离阻力成反比。商店购物场所各种因素的吸引力越大，则该商店的商圈规模也就越大；消费者从出发地到该商业场所的时间越长，则该商店的商圈规模也就越小。

哈夫概率模型是国外在对零售店商圈规模调查时经常使用的一种计算方法，主要依据卖场引力和距离阻力这两个要素来进行分析。运用哈夫概率模型能求出从居住地去特定商业设施的出行概率，预测商业设施的销售额，商业集聚的集客能力及其变化，从而得出商圈结构及竞争关系会发生怎样的变化，在调查大型零售店对周边商业集聚的影响力时也经常使用这一模型。

哈夫概率法则的最大特点是更接近于实际，它将过去以都市为单位的商圈理论具体到以商店街、百货店、超级市场为单位，综合考虑人口、距离、零售面积规模等多种因素，将各个商圈地带间的引力强弱、购物比率概括成为概率模型的理论。

哈夫概率模型不仅是从经验推导出来的，而且表达了消费者空间行为理论的抽象化，考虑了所有潜在购物区域或期待的消费者数。这个模型包括了营业网点的面积、顾客的购物时间、顾客对距离的敏感程度，经统计可得出消费者对不同距离到目标店购物的概率。各零售店可根据自身的不同情况，设立不同的概率标准，选择在一定概率下的距离来划定商圈范围。

（二）商店展示设计与消费者行为

1.商品与商店展示设计

从一家商店的销售量便可直观地评判该商店的设计档次，而销售的本质就是在吸引顾客的同时满足顾客的需求。显然，只有让顾客能迅速简便地了解到商品的外在形态和内在品质，进而产生购买的欲望，才能说该商店的展示设计是成功的。而对于不同的商品性质，就需要不同的设计来凸显其特质，当然这样的设计只能够锦上添花，不可以喧宾夺主，以达到丰富我们的视觉审美，让人们产生顿时的购物冲动的目的。我们可以从以下五个方面来分析商品：

（1）商品的类型

商品的类型多种多样，商店的设计也不尽相同，各有千秋。一般的乐器店的设计中要求能考虑到商品规格，既有巨大的钢琴，又有精巧的口琴，可见同类商品的大小变化幅度很大；而综观书店和眼镜店的商品类型就较为单一。而商品的大幅度变化为商店带来的强烈的空间感，虽然可以大大地丰富商品的陈列造型，但也会带给人一种零乱的视觉感受。针对这种类型的商店设计就应适当增加秩序感而非人为的装饰元素。类型较为单一的商品为了在陈列时避免中规中矩的死板感、单调感，就需要创意式设计来为其增色。乐器店内装饰，适宜简单直接，利用直排陈列给人清爽的感觉，而有些乐器店设计上虽然在墙面上镶嵌镜面玻璃，但直观感觉却非常凌乱。因此，在设计过程中设计师应当充分地考虑商品本身的特性，充分利用商品造型与之融合。

（2）商品的形态和布局流线

商品的形在设计中也起着很重要的影响因素。形的变化方式灵活，常给人以活泼和杂乱的感觉，就好比玩具店。而形大同小异的商品则需要在商店设计中为其添加空间感，增加商品的吸引力。如我们常见的鞋店往往都是分类排列，这很难引起人们的兴趣。因此，在设计时要能善于利用周围有限的地域条件来放大商品的空间特色，让顾客主动走近商品并享受挑选商品的过程。另外，要突出商品的多样化及多变性。例如服装店，模特的作用就在于利用不同的动作放大服饰的特点，更便于顾客的欣赏和选择。若商品的形、色都较为单一，想要为消费者留下深刻的印象，就必须从店内的设计着手，采用靠墙陈列展柜的方式，展柜的形式虽然单一，但若能运用流线形进行分割，同样能抓住消费者的眼球。在整个展示设计中，可以充分利用干练的线条，大胆的紫色、蓝色及灯光高亮调视觉路线，从而使整个空间活跃起来。

（3）商品的色彩和质感

色彩不仅易于表现情感，而且具有刺激视觉注意力、快速传达某种信息的作用。商品及商品包装设计中的色彩搭配正是运用这一点，运用合理的色彩构成形式来达到表达商品形象的目的。心理学相关研究表明，正常人的视觉器官在观察物体时，最初的 20 秒内色彩感觉占 80%，而造型形态感觉占20%；两分钟后色彩感觉占 60%，形态占 40%；5 分钟后各占一半，这种状态能够继续保持。可见，色彩给人的印象非常快速、深刻、持久。

在色彩运用上，一方面，选择容易记忆和辨认的色相为主色调（如红、橙、绿、蓝）或以单纯的色彩组合来表现商品的既定品质和个性风格；另一方面，运用鲜明的包装颜色使商品具有强烈的视觉冲击力，引起消费者的购买欲。同时考虑商品的消费对象，从使用者年龄、观念、文化层次、审美品位去定位商品色彩的选择和搭配，以迎合不同消费群体的色彩爱好。

有些商品的色彩灰暗，如古玩、家电，而有些商品的色彩鲜艳，如塑料制品和儿童玩具。为了尽量突出商品的色彩，所以要求室内展示设计色调起到衬托作用。此外，利用光影的变幻来凸显商品的质感。例如，陈列的玻璃器皿就需要灯光来渲染其晶莹剔透的特点，以加强顾客的视觉冲击。巧妙地运用灯光，可以使商品本身的色彩和质感得以凸显。因此，在设计中，设计师要充分了解商品自身的性质，才能使商品的色彩和质感得到更佳的展示效果。

（4）商品的群体与个体

面对不同数量的商品，顾客也会表现出不同的消费心理及消费行为。小巧精致的商品如若多多陈列开来，可以在一定程度上吸引顾客的视线，但过多的量也会让顾客产生商品"滞销"的错觉。相对的，调整商品的数量也可以提醒顾客抓住机会，"该出手时就出手"。而高价商品的价值更需要其稀少的数量来体现。因而，面对不同数量的商品，应配以恰当的设计思维。许多促销的服装专卖店，整体布局让人感觉轻松，如同自家的更衣室，可是却少了一分高雅感，同时衣服本身的价值也下跌了不少。而某些商店展示中，虽然有仅此一件的摆设，却可以突出了物以稀为贵的特性，能大大提升商品的品质和价值。

（5）商品的性格

商品在设计中不仅是商品，而且像生物一样是具有生命的物体，也有其独一无二的特质。商品所表现出来的性格类型决定了商品的前途命运。商品如果没有人格化，就无法与消费者进行感情对接，形成消费者的偏好。商品如果没有稳定的内在特性和行为特征，消费者就无法认识和认定商品的个性，自然也无法与消费者的个性形成共鸣。消费者在进行消费时，总是有意无意地在按照自己的个性选择自己喜欢的产品，而没有个性的商品很难与消费者进行情感的交流，自然也就难以构建商品品牌形象。

商店的设计风格取决于商品的特质。商品的性格决定室内设计的风格，商店的装修风格就能展现针对不同的消费群体的销售特色。而这些都直接影响了商品的销售量。

2.消费者的行为心理与商店展示设计

（1）进入商店的消费者行为及心理

根据人的消费心理，顾客可以分为三类：①有目的的消费者，他们的目标明确，所以购物过程往往一气呵成；②无限定目的的消费者，他们在留意自己所需的商品之外也会留意其他的商品，购物过程较长，但消费成果一般仍限定在自己的消费范围之内；③无目的的消费者，没有明确的购物目标，视线涉及的范围很广。

不同性质的商店所面对的三种顾客比例也不同。若是明确性强的，如药店，室内布局则应加强功能性；若是选择性强的，如文具店、食品店等，就应注意商品的分类；若是比较性选择的，如时装、珠宝等，就要添入空间环境设计来为商品增色。所以在进行商店设计前，针对顾客类别作出调查和选择，有利于销售量的提升。消费者的购物心理很大程度上受自身需求和客观环境的影响，而我们所需要做的就是针对顾客这一系列的心理变化进行相应的设计。

（2）认识过程与视觉心理

刺激消费者的购物欲的前提是让顾客注意到商品的特色。因此，我们可以针对消费者的心理活动做出以下应对措施：

一方面，利用光影、色彩、角度来突出商品与背景的对比度，以此加深顾客印象，吸引顾客。由于商店中各种视觉信息交错，人的视线往往只是将最具吸引力的对象作为识别元素。根据视觉心理原则，主题对象与背景反差越大，则越易被感知，所以要注重明度对比、黑白对比、面积对比、色彩对比，等等，从而更好地突出并展示商品。

另一方面，控制自身商品的焦点程度。商品太少自然无法达到宣传效果，但过犹不及，泛滥的招牌只会降低商品的身价。这点需要人为的调查与调控。宣传的显示牌数量不宜过多，正常人的视觉注意范围不超过 7 个，在短时间内呈现字母，一般人最多看到 6 个。这对于我们在室内设计中合理地确定商业标识和广告牌的数量、柜台的分组情况和空间的划分范围都是十分必要的。

（3）情绪心理与购买行动

调动并激起消费者对商品的兴趣之后，还需要采取相应的对策来使其顺利实现购买行动。因此，我们在室内设计中还应该采取以下设计手法。

①唤起消费者兴趣和引发其购买行为。创意独特、新颖的展示陈列方式及环境布置能使商品更具感染力。许多国外商业街建筑注重陈列装置的多元化和组合方式的灵活性，能根据商品来设计展架或展台陈列装置，让商品的特点得到充分的展示，从而发挥展品最佳特质。

②诱发商品联想和建立信赖关系。商品使用形象直观表达能够诱发顾客的联想，从而能够非常有效地抓住消费者的心理。这要求室内设计的风格与商品的特性相吻合。比如，儿童用品商店往往将儿童使用的卧具、玩具等布置成儿童活动空间的形式。这样的陈列方式比分类排列要生动得多，也能促使儿童乐在其中。

3.建筑装饰元素与商店展示设计

要想使商店展示独具一格，使同样的商品在不同的展示商店里体现出不同价值，那么，在展示设计过程中，我们需要以建筑独特的装饰风格来突出商品，赢得消费者。为此，在商店展示设计中，我们可以使用以下手法。

（1）创造主题意境

在室内展示设计中要根据不同商品的特点确定不同的主题，形成室内装饰手法，创造一种意境，这样会给消费者以深刻的感知力，有助于体现展示设计中的商品。像儿童动物玩具店在设计时，需要考虑其主题元素，创造林中乐园，形式活泼，造型动感和颜色鲜艳。这样能够更好地吸引小朋友的目光，从而促使家长的购买行为。

（2）提炼主题元素

在许多专门经营某种名牌商品的专卖店中，可以以该商品的标志作为主题装饰元素，可以在专卖店门头、商店墙面、展示柜上、包装袋上反复出现，强化主题，也加深了顾客的印象。也可以为根据商品专门设计提炼出主题要素，要使得整体的风格统一。在品种较多的店铺中，也可以以某种图案或标识在主题装饰中重复应用。

（3）灵活调整和变动

随着时节的不断变化，消费潮流也在改变，因此，商店应该随时更新布局。许多国外的商店每周都要做调整和布局的变化，以满足顾客追求新的心理。为此，设计一些可以灵活使用的展台展架是不可或缺的。比如，书店的天花顶棚设计为网格型轨道，陈列架可以是从轨道上倒挂下来的 R 型钢丝架，这样便于任意变换位置，店主调整起来也非常方便。由于钢架具有很大的灵活性，可根据不同陈列需要进行调整，给消费者提供了充满刺激感的信息变换。

第六章　互联网时代的消费经济与消费者行为

第一节　网络消费的含义、特征与风险

一、网络消费的含义

网络消费是指人们以互联网为工具、手段而实现其自身需要的满足过程。从广义上来说，它应该属于信息消费的范畴，是信息消费的一个方面；从狭义上来说，它专指通过互联网电子商务进行的消费活动。现代信息技术和互联网的发展，使得一个与传统商业模式有很大区别的新型商业模式——电子商务应运而生。电子商务是指通过互联网、计算机或智能手机等电子手段进行的商务活动。电子商务不仅发展势头迅猛，而且对传统商业模式构成了极大的挑战，大有取而代之的趋势。正因为这种新型商业模式的出现迅猛发展，我们专门对之予以论述。本章所指的网络消费是狭义的，是通过电子商务进行的消费活动，是通过网上购物、网上支付、网络速递以及网络营销等商业活动进行的消费。电子信息技术的迅速发展和广泛应用，给传统的商品交换方式带来了强烈的冲击，从而为消费者实现购物方式和消费方式的根本变革提供了可能。从网络消费者的群体特点看，消费者行为以及购买行为是营销者关注的热点问题，对于网络营销者也是如此。网络用户是网络营销的主要个体消费者，也是推动网络消费和网络营销发展的主要动力，它的现

状决定了今后网络消费和网络营销的发展趋势和走向。

二、网络消费的特征

网络时代的最大特征是：网上商品交易的买方市场、互联网强大的通信能力和网络商贸系统便利的交易环境。这些特征改变了消费者的消费行为，使消费者可以在大量的网络商品信息中进行搜索、观察、比较、评论以及分享信息。

（一）选择性

消费主体对外部信息的接收从某种接触或感受开始，而对外部接收的信息的内在化消费又总是有选择的，选择的依据是内在信息需要。每个人都有一套不同于他人的"信息库"或"数据库结构"。人们通常根据自己的活动需要与决策特点，有选择地收集外部信息，然后在消化吸收外部信息的过程中优化自己的信息结构，使外部信息更好地转化为内在知识"养分"，并作用于生产生活决策和发展能力的提高。有选择地将外部信息内在化，是劳动素质、智能提高的基础，也是劳动进化的必要条件。在网络时代，网络信息资源由纸张上的文字变为磁性介质上的电磁信号或者光介质上的光信息，使得信息的存储和传递、查询更加方便，存储的信息密度高、容量大，可以无损耗地被重复使用。以数字化形式存在的信息，既可以在计算机内高速处理，又可以通过信息网络进行远距离传送。其表现形式可以是文本、图像、音频、视频、软件、数据库等，这使得消费主体对消费信息的选择较传统商业模式更为便捷和多样。

（二）分层性

作为消费对象的外部信息是多类型的，消费主体又是多层级的。按经济收入水平、信息需求强度、信息处理能力等分级，不同层级的消费主体对外部信息不仅有着不同的需求，而且有不同的信息吸收与运用能力，还有不同的外部信息内在化方式。互联网上商品信息的存在是以网络为载体，以虚拟化的状态展示的，人们可以方便地在网络上搜索各层次的商品信息，并利用网络资源的社会性和共享性形成不同层次的消费群体。网络通信的高度随意性与隐匿性决定了网络主体可以"随心所欲"地进行消费活动。从一定意义上说，网络消费使人变得更自由，更富有个性和智慧。有专家认为，网络经济将表现出"有区别的生产"和"有个性的消费"的新经济特征，个性化、个体化和个人市场这些观念逐渐深入人心。对网上消费者而言，能够随心所欲地、自由地消费，是一件相当愉悦和幸福的事，由此能促使网络消费意愿的提升。

（三）价值功能转换性

外部商品信息的内在化过程，同时也是一系列的价值转换过程。这包括由外部信息的客观价值到消费者的需求价值的转换；由信息的知识价值到消费者劳动素质提高与生活质量提高的应用价值转换；由信息应用价值到劳动收益增加和劳动价值增值的转换等。信息的价值功能转换和价值功能实现，会进一步激发消费主体关注和运用信息，使主体消费信息与信息功能价值实现、价值增值形成良性互动。从现代经济学的角度来看，网络消费相对于传统消费而言，对消费者更为有利。通过对微观经济学的供求曲线的分析可以看出，网络消费中的市场价格更靠近供应曲线，即经济活动中的剩余价值将更多地转移到消费者手中。数字化网络所产生的知识经济合力，缩短了生产和消费之间的距离，省却了各种中间环节，使网上消费变得更加直接，更容易使买卖双方在一种近乎面对面的、休闲的气氛中达成交换的目的。

（四）反馈性

外部信息的内在化是一个程序继起与内外互动的开放循环系统，后一个环节的效果会对前一个环节起反馈作用。比如，供应商将世界各地行之有效的管理办法和一些成功案例等进行梳理，形成一套商品化、固定模式的管理理念；用户使用网络商贸系统，接受一种新的方法和理念，同时以使用效果作为一种评价意见反馈到上一环节。网络消费的便利和快捷是所有网络消费者共同的体会，也是网上交易的优势所在。如果你想在网上购物，只需到相应网站的网页进行简单的讨价还价，再一按鼠标，就可以做成一桩买卖，而且往往还能享受到送货上门的服务。在互联网环境下，信息的传递和反馈快速灵敏，具有动态性、实时性等特点。信息在网络中的流动非常迅速，电子流取代了纸张和邮政的物流，加上无线电和卫星通信技术的有效运用，上传到网上的任何信息资源，都只需要短短的数秒钟就能传递到世界的每一个角落。这使得网上消费者和营销者之间的商品信息传递和反馈比传统商业更为快捷、便携，互动性也更强。

（五）方式多样化

微博、微信、抖音、小红书等成为新的互联网流行应用，中国国内微博、微信、抖音、小红书用户数量迅猛增长。利用这些平台资讯传播快、范围广的特点进行有效传播，规范管理，合理利用，从而大力促进电子商务和网络营销，是一个巨大的机会。截至2020年6月，我国手机网民规模达9.32亿人次，智能手机上网发展迅速，传统互联网时代正在向移动互联网时代迈进。移动支付、移动安全、移动终端成为普遍应用的手段，各种类型的移动互联网应用相继出现，移动互联网发展进入快车道。随着这些网络消费手段和方式的多样化，中国网络购物市场规模位居全球第一，团购成为网民喜闻乐见的日常消费模式。

电子商务持续保持高增长的态势。例如，旅行时从机票、火车票预订，到酒店、餐厅预订，全程均可通过智能手机完成。出发前做好功课，提前在网上购买往返机票，预订目的地酒店等，不仅省心、省钱，手机上的APP更是"贴心"，可以快速实时地解决许多问题。迅速发展的移动互联网，给人们出行提供了极大的便利。在手机上安装APP，点击后可以进入到相关网页，随时随地掌握旅游信息，还能在上面浏览网友们上传的攻略。在线旅游市场的迅猛发展，让在线旅游商们纷纷抓住商机，注重智能手机APP的开发，争抢手机客源。许多消费者手机里的APP客户端（第三方应用程序）涵盖了吃、住、行、用、交友等日常生活的方方面面。此外，还有支付宝钱包、淘宝等应用程序，为生活提供了极大的便利。另外，还可以通过APP中的"摇一摇"功能，找到所在地附近的餐厅等。应有尽有的应用程序，几乎能做任何事情，如今已经很难想象没有手机的生活了。

三、网络消费的风险

尽管网络时代消费者购物具有很多新的特点与优势，但是，这种消费模式不可避免地也会让消费者产生一定风险。具体表现为以下几点。

（一）商家信誉问题

商家信誉是网上购物最突出的问题。商家提供的商品信息、商品质量保证、商品售后服务是否和传统商场一样，购买商品后是否能够如期收到，以及当商家无法兑现维修和退换货等承诺时如何维权等都是消费者所担忧的问题。

网络应用于企业经营时一个突出的特点是能使大企业变小，小企业变大，即所有企业在网上均表现为网址和虚拟环境。传统上，中小企业会受到经济规模、企业历史等条件的制约，而在网络上它们则更具自由度，可利用信息武装自己，缩小与大企业的差距。对中小企业来说，这一特点就是优点，但消费者也因而增加了鉴别、选择企业或产品的难度。一些在实体经济中可有效判别和预期产品服务质量的感觉，例如，对零售企业营业面积、店容、店貌等的感受，在网上则无用武之地。消费者必须重新学习或继续以现实途径进行辅助判别，这就增大了消费者判别的难度和成本。此外，网络商店较容易设立，因而也容易作假，消费者对此也会心存疑虑。因此，许多进行网络营销的企业仍会借助实体设施来提高信誉和知名度，但这反过来又会削弱网络营销的优势。

（二）网络资金安全问题

消费者对网络安全一直以来都存在很大的担忧，诸如用户的个人信息隐私、交易过程中的银行账户密码、转账过程中资金的安全等问题是妨碍网络消费发展的重要原因。近年来，出现很多以仿冒网站进行诈骗的网络犯罪新形式，这无疑给网上购物蒙上了一层阴影。现阶段网上购物安全性仍然不足，其危险主要源于两方面：一方面是消费者的私人资料如信用卡资料在传输过程中可能被截取或被盗用，现时加密技术的发展仍不能完满地解决这一问题；另一方面，"恶作剧"或蓄意的计算机病毒也令人望而生畏，如果病毒一旦在网上发作，破坏力可想而知。

（三）配送责任与配送周期问题

传统购物一般都是现货交易，在选好商品并付钱后即可直接拿走所购之物，而网上购物就需要一个订货后或长或短的等待送货过程。现在虽然有越来越多的物流和快递公司加入竞争，物流速度有所提高，但即使同城配送，最快的也需要一个小时，最长的则需要一两天，跨省配送则时间和成本都相应增加。配送成本和配送周期的增加无疑会削弱网上购物成本节约的优势。

（四）网上购物的体验

网上购物可以解决消费者对商品的视觉和听觉的判断，甚至由于影像的功能还能比现场购买更清楚地了解商品的内部结构和成分，可以产生消费者获取信息的统一性，但其缺乏触觉、嗅觉和味觉的体验，就会对某些侧重于该方面尝试的商品产生较大的消费者心理与行为障碍，譬如化妆品和食品等。

（五）无法满足某些特定的心理需求

网络营销的特点决定了它不能满足某些特定的消费心理需求。比如，由于网上购物可替代部分人际互动关系，也就不可能满足消费者在这方面的个人社交动机。此外，虚拟商店也无法使消费者因购物而受到注意和尊重。消费者无法以购物过程来显示自己的社会地位、成就或支付能力，而且网络商品的价格欠缺灵活性，会令一些喜欢在现场讨价还价的消费者失望。

这些风险的化解一方面需要公民不断提高和强化公德意识和法治意识，另一方面，要加强网络法治建设。网络无国界，但落地有规矩。只有遵守网络道德和网络与信息安全管理制度，才能真正地达到网络消费安全。

第二节　网民、网络市场与网络消费中的消费者

一、网民

所谓网民，一般是指过去半年内使用过互联网的6周岁及以上中国居民。

（一）网民规模

2020年9月29日，中国互联网络信息中心（CNNIC）在京发布第46次《中国互联网络发展状况统计报告》（以下简称《报告》）。《报告》显示，

截至 2020 年 6 月，我国网民规模达 9.40 亿人，互联网普及率达 67.0%；手机网民规模达 9.32 亿人，网民使用手机上网的比例达 99.2%；农村网民规模为 2.85 亿人，占网民整体的 30.4%，城镇网民规模为 6.54 亿人，占网民整体的 69.6%。

随着网民规模的增长进入平台期，互联网对个人生活方式的影响进一步深化，从基于信息获取和沟通娱乐需求的个性化应用，发展到与医疗、教育、交通等公共服务深度融合的民生服务。与此同时，随着"互联网+"行动计划的出台，互联网将带动传统产业的变革和创新。未来，在云计算、物联网、大数据等应用的带动下，互联网将加速农业、现代制造业和生产服务业转型升级，形成以互联网为基础设施和实现工具的经济发展新形态。

（二）网民属性结构

1. 性别结构

截至 2020 年 6 月，我国网民男女比例为 51.0∶49.0，与整体人口中男女比例（51.1∶48.9）基本一致。

2. 年龄结构

截至 2020 年 6 月，20 ～ 29 岁、30 ～ 39 岁网民占比分别为 19.9%、20.4%，高于其他年龄群体；40 ～ 49 岁网民群体占比为 18.7%；50 岁及以上网民群体占比为 22.8%，互联网进一步向中高龄人群渗透。

3. 学历结构

截至 2020 年 6 月，初中、高中／中专／技校学历的网民群体占比分别为 40.5%、21.5%；受过大学专科及以上教育的网民群体占比为 18.8%。

4. 职业结构

截至 2020 年 6 月，在我国网民群体中，学生最多，占比为 23.7%；其次是个体户／自由职业者，占比为 17.4%；农林牧渔劳动人员占比为 15.3%。

5. 收入结构

截至 2020 年 6 月，月收入在 2001 ～ 5000 元的网民群体占比为 32.6%；月收入在 5000 元以上的网民群体占比为 24.2%；有收入但月收入在 1000 元及以下的网民群体占比为 21.0%。

二、网络市场

（一）网络市场概念

网络市场，也称虚拟市场、线上市场，是利用现代化通信工具、互联网等技术手段，在消费者与企业之间、消费者与消费者之间、企业与企业之间、政府部门与服务对象之间形成的一个信息、商品、交流和服务的平台。网络市场的发展速度和体量已经成为衡量一个国家或地区经济发达程度的重要指标。

（二）网络市场的特点

与传统实体市场相比，网络市场具有鲜明的特点，主要包括以下几个方面：

1.无店铺的经营方式

网络市场最显著的特点便是虚拟性，存在于网络之上的卖方企业和店铺不需要店面，因此，节省了大量装潢、摆设和人员成本。另外，无店铺经营带来的其他好处也十分显著，如网页信息展示和物品更新快，价格浮动可以快速反应、调整，消费者意见可以更直接地被企业和商家了解、答复等。不过，值得注意的是，随着网络经济从无到有、从小到大，现今纯粹无店铺的经营方式面临一些挑战，越来越难以满足消费者快速变化的消费心理和购买行为的需求。近年来许多企业采用O2O模式，即"线上线下整合"，开始进行多渠道经营模式的探索。

2.无存货的经营形式

电子商务中的无存货并非真正意义上的"零库存"，而是指相对于传统经营方式的"低库存"。网上经营可以先下单再订货，大大减少了中间商的存货成本，从而使得网络商品存在天然的价格优势，这是网络经济繁荣发展的主要动因之一。

3.全天候经营

网上商店可以365天、24小时不间断地经营，极大地满足了消费者购物时间的多样性需求，而且，延长店铺经营时间，可以为企业带来更多的收入。

4.全球性市场

互联网使得"地球村"从梦想逐步变成现实，开展全球性营销活动变得经济、可行，越来越容易实现。在公司或商店的网页上张贴产品信息并标注多国语言，在不同国家的流行网站内做广告、悬挂链接入口，外国的客户便可以轻松点击成为企业的潜在顾客。我国的网民可以轻松地访问亚马逊、eBay等国际电子商务交易平台，在海外的华侨华人也可以从淘宝、京东上买到地道的中国各地的特产，甚至风味小吃。

5.精细化营销

在互联网时代，消费者掌握了更多的主动权。人们可以随心所欲地检索自己心仪的商品，还可以在不同商家之间进行互联网比价，也可以选择自己放心的快递公司进行产品投递，还可以在使用产品后到网上与他人分享使用心得或去卖方网站要求提供特定的售后服务。个性化营销工具（如数据挖掘技术）还可以根据消费者的购买记录和消费习惯自动推荐关联产品。消费者也可以根据自己的喜好定制属于自己的产品和服务。

三、网络消费中的消费者

（一）网络消费者的行为特征

1.消费产品个性化

在近代，由于工业化和标准化生产方式的发展，消费者的个性被淹没于大量低成本、单一化的产品洪流之中。随着网络时代的不断发展，消费品市场变得越来越丰富，消费者进行产品选择的范围逐渐全球化，产品的设计呈现多样化，消费者开始制定自己的消费准则，整个市场在网络消费的大潮中回到了个性化的基础之上。没有任何一个消费者的消费心理是一样的，每一个消费者都是一个细分的消费市场，个性化消费成为消费的主流。由于社会的消费产品极为丰富，人们的收入水平不断提高，这些因素进一步拓宽了消费者的选择范围，并使产品的个性化消费成为可能。消费者购买产品也不再仅仅是满足其物质需要，而且还要满足其心理需要。在网络时代这一全新的消费观念影响之下，个性化消费方式成为消费的主流。

2.消费过程主动化

在网络营销中，消费者消费主动性的增强，来源于现代社会不确定性的增加和人类追求心理稳定和平衡的欲望。这种消费过程主动性的特点，对网络营销产生了巨大的影响。它使得企业适应消费者的这种需要，对顾客不再进行"填鸭式"的宣传，而是通过和风细雨式的影响，让顾客在比较中做出选择。传统的商业流通渠道由生产者、商业机构和消费者组成，其中商业机构起着重要的作用，生产者不能直接了解市场，消费者也不能直接向生产者表达自己的消费需求。而在网络环境下，消费者能直接参与到生产和流通中去，与生产者直接沟通，减少了市场的不确定性。

3. 消费行为理性化

在网络环境下，消费者可以很理性地选择自己的消费方式，这种理性消费方式主要表现为：理智地选择价格；大范围地进行选择比较，即通过"货比千家"，精心地挑选自己所需要的商品；主动地表达对产品及服务的需求，即消费者不会再被动地接受厂家或商家提供的商品或服务，而是根据自己的需要主动上网去寻找合适的产品。即使找不到，消费者也会通过网络系统向厂家或商家主动表达自己对某种产品的欲望和要求。网络营销系统巨大的信息处理能力，为消费者挑选商品提供了前所未有的选择空间，消费者可以利用在网上得到的信息对商品进行反复比较，以决定是否购买。

4. 购买方式多样化

网络使人们的消费心理稳定性降低、转换速度加快，这直接表现为消费品更新换代的速度加快。这种情况反过来又使消费者求新、求变的需求和欲望得到进一步加强；同时，由于在网上购物更加方便，因此，人们在满足购物需要的同时，又希望能得到购物的种种乐趣。这两种心理使购买方式变得多样化，多样化的购买方式又直接影响了网络营销。网上购物，除了能够满足实际的购物需求以外，还能得到许多信息，获得在实体商店没有的乐趣。今天，人们在现实消费过程中出现了两种趋势的追求：一部分工作压力较大、紧张程度高的消费者以方便性购买为目标，他们追求的是时间和劳动成本的尽量节省；而另一部分消费者，是由于劳动生产率的提高，自由支配时间增多，因此希望通过消费来寻找生活的乐趣。今后，这两种消费心理将会在较长的时间内并存。

（二）网络消费者的基本类型

网民及网络用户是网络消费行为发生的主体。网络消费者可分为以下八种类型。

1. 网络狂热型

这类消费者是网络消费的主力军，是新鲜事物的尝试者，多以年轻人为主。他们喜欢追逐潮流，并且将其视为自己与他人的不同之处。他们经常上网"冲浪"，不仅经常自己在网上购物，还与别人分享自己的购物经历，并且会推荐他人上网消费。

2. 冒险学习型

这类消费者对新鲜事物的好奇程度和接受程度要低于前一类消费者。他们喜欢网上购物的新奇感并对比，充满兴趣，但要将这种兴趣转变成真实的消费行为还需要商家的进一步培养。

3. 初次尝试型

这类消费者的电脑应用水平比较低，当他们听说网络消费后，觉得这是可以尝试的，并且根据自己的摸索或向别人请教开始网上购物。电脑水平是限制这些人成为长期网上购物者的因素。

4. 工作需要型

这类消费者拥有较高的电脑技能，由于工作需要长期使用网络，上网工作的同时也会不由得看到网上商品的出售，但是他们很少实施网络消费行为。

5. 担心安全型

这类消费者比较小心谨慎，他们了解购物网站，并知道如何进行网上购物，但出于安全的考虑，他们担心信用卡安全、送货以及投诉等方面的问题。

6. 生活习惯型

这类消费者大都比较保守，他们的年龄偏长，对于网络的接受能力及适应能力稍差。相对于网络来说，他们更喜欢在商场中购物的感觉。

7. 技能限制型

这类消费者不熟悉电脑应用，上网时间少，对互联网兴趣不大，因此，对网络消费者也没有什么兴趣。

8. 需求差异型

这类网络用户上网往往仅是为了娱乐而不是购物需要，这是由于安全、个人信息、收入水平等因素所致，他们的网络消费需要有待发掘。

第三节 互联网时代消费者购买行为的影响因素

一、外在因素

（一）互联网基础资源

互联网基础资源是网络消费的基本保证，网络基础资源包括域名、IP，其中域名包括 CN 域名、网站，IP 包括 CN 下的网站和国际出口宽带等。《中国互联网络发展状况统计报告》显示，截至 2020 年 6 月，我国 IPv4 地址数量为 38 907 万个，IPv6 地址数量为 50 903 块 /32。截至 2020 年 6 月，国家和地区顶级域名（ecTLD）".CN"的数量为 2304 万个，较 2019 年年底增长 2.8%；网站数量为 468 万个，".CN"下的网站数量为 319 万个。这些网络基础资源为我国网络的发展奠定了坚实基础。

（二）网络营销组合策略

网络为企业营销提供了巨大的市场和无限的商机，但是，网上购物又非常考验企业营销管理者的智慧，考验企业网络营销组合策略的制定。网络时代的目标市场、顾客形态、产品种类与传统营销存在着很大的差异，涉及跨越地域问题。文化、时空差异再造顾客关系，将需要许多创新的营销行为，而网络营销策略制定得如何，又直接影响着网络消费者的购买行为选择。

（三）文化因素

文化是一个综合的概念，它几乎包括着影响个体行为与思想过程的每一个事物。

消费者的购买决策往往受到其所处的文化环境的影响，亚文化对消费者决策的影响要远远大于主流文化。亚文化是指某一文化群体所属次级群体的成员共有的独特信念、价值观和生活习惯。亚文化不仅包括与主流文化共通的价值观念，还包括自身独特的价值观念。

互联网的出现和发展，形成了独具特色的网络族群和网络文化。例如，那些出于共同的兴趣或爱好（网络游戏、音乐等）而形成的虚拟社区、聊天室等。这些亚文化网络族群中的成员往往具有相同的网络价值观并且遵循相同的网络行为准则。

随着互联网的发展，网络亚文化作为一种新兴的亚文化日益深刻地影响着人们的生活习惯与价值观念。同时，随着电子商务向纵深发展，网络消费者的结构变得较为复杂，网络文化开始表现出丰富多样的特征。在其影响下，消费行为趋向于多样化，消费者所购买的商品组合变得多元化。

（四）社会因素

社会因素是指消费者周围的人对其所产生的影响。其中以家庭及角色地位、参考群体、社会阶层最为重要。

随着我国社会经济的发展，社会生活节奏也在加快，网络消费的便捷性迎合了快节奏的生活方式。消费者在线下消费必须付出时间、精力和体力，而网上商店 365 天 24 小时的营业、模式、网络支付或者货到付款的支付方式、送货上门等服务方式给消费者带来许多的便利，能够很轻松地实现随时随地消费。

社会因素对于网络消费行为的影响体现在很多方面。网络消费者具有高学历、高收入的特点。他们的生活方式往往表现出一种殊荣和优越，成为人与人之间相互认同或区分的标记，为众人的效仿创造了一种无形的压力，以致社会的其他阶层也会效仿他们进行网络消费。网络消费的目的在某种程度上是为了让消费者保持与社会优势群体的所谓一致性，从心理上提升消费者的自我形象、角色地位，满足其群体归属认同的需要。同时，随着我国社会结构的转型，消费者个体的生存压力也在增加。网络消费可以为消费者提供从日常生活中转换的机会，并具有消遣娱乐的功能。网络消费可以使消费者暂时脱离现实，转换心境，达到快速释放压力与自我满足的状态。

（五）网络安全和信任环境

网络支付过程的中间体制建设得越健全，顾客在进行网购时对信息安全问题就越会存在一种信任感。如此一来，消费者在买卖过程中的利益就能得到保护，且网络消费者无论何时都会对此平台存在信任感，于是，网购者们的浏览甚至是购物频率就自然会增多。与此同时，支付时的便捷与否也是网络消费者受到影响的一个因素。如果付款的操作太烦琐，流程过于复杂，而且支付的方式不够多，无法满足自己的需求而放弃购买该商品，也不是不可能出现的情况。网络消费者行为在许多因素共同的作用下呈现出多样性，但从群体的整体行为上看，各种行为之间又有着相同的共性和类似的特点：无边际性、个体主观性、多样性和复杂性。网络上的商家可以根据这些特性来进行网络营销，而消费者也应该以此为戒，树立正确的消费观念，做出明智的购买决策，不轻易受影响。

二、内在因素

（一）个人因素

影响消费行为的个人因素主要包括人口统计变量、性别以及生活方式。

人口统计变量是个人因素的重要组成部分，主要包括年龄、性别、家庭、收入、职业、教育、宗教等个人基本特征。它被广泛地应用于细分消费者市场，以便更好地制定针对目标消费者的营销策略。在互联网背景下，人口统计变量是影响网络消费者行为的重要因素。

消费者的个人特征可以在一定程度上解释网络购物频率和购物数量。网络消费者对互联网的熟悉或使用熟练程度会影响其网络消费行为，即消费者对互联网越熟悉，操作应用就会越熟练，消费者对互联网的恐惧心理也越小，网络购物行为发生的比率就会越高。有统计发现，每周在互联网上至少购物一次的消费者是网络的经常使用者，他们往往受过高等教育，收入比平均水平高，在计算机、教育或其他专业技术领域工作。

在性别方面，男性网络消费者在购物时理性成分居多，往往在深思熟虑之后才做出购买决策；而女性网络消费者购物时的感性成分则相对较多。

网络购物是出自个人消费意向的积极行动，消费者会花较多的时间到网络商店浏览、比较和选择商品。网络购物独特的购物环境与传统交易截然不同，独特的购买方式易引起消费者的好奇、超脱等个人情感变化。在网络购物过程中，消费者完全可以按照自己的意愿向商家提出要求，以自我为中心，根据自己的想法行事，在消费过程中充分体现自我。

（二）心理因素

1. 网络消费形成的心理基础

（1）追求时尚和新颖的心理

网络消费者多数为年轻人，年轻人的特点是热情奔放，思想活跃，喜欢想象，富于冒险，这些特点反应在消费者的心理上，就是追求时尚和新颖，尝试新鲜生活，喜欢购买新颖独特的产品。在互联网背景下，消费者按下鼠标，几秒钟之内就可以搜索到所需产品的品牌、价格、形状、功能、特征等信息，轻而易举地找到新、奇、美的商品。

（2）追求物美价廉的心理

虚拟的网上商品比实体商店成本要低得多，所以网络消费的价廉就迎合了越来越多的消费者的心理需求。另外，网上商店相对传统商店来说，消费者不用跑腿，就能更为直观地了解商品，能够精心挑选、货比三家，满足了消费者追求物美价廉的心理。针对消费者的这种心理，电商网率先在全国开通了"特价热卖"栏目，汇总了知名网站的热卖信息。消费者只要进入电商网的"特价热卖"专栏，就可以轻松获得各种热销产品的信息以及价格，进而通过链接快速进入消费者认为合适的网站，完成购物活动。这种网上购物方式满足了消费者追求物美价廉的心理。

（3）追求个性、自我和独立化的心理

现代消费者往往富于想象力，渴望变化，喜欢创新，具有强烈的好奇心，这对个性化消费提出了更高的要求。以自我为中心的网络用户以年轻、高学历者为主，他们往往有自己独立的思想、喜好、见解和想法，对自己的判断能力也比较自信。

（4）追求方便、快捷的心理

网络时代，消费者的消费倾向和消费文化已经与互联网产生了千丝万缕的联系。他们动一动鼠标，便可以买到自己想要的产品，不用忍受逛街之累。消费者生活节奏加快，消费被重新定义。网络时代让消费者越来越忙，但同时也越来越"懒",越来越多的消费者不再愿意去逛实体店,而选择相对快捷方便的网络购物,坐在家里便可以享受"送货上门"的快捷与方便。网上购物者受教育水平相对较高,他们往往工作压力大,生活节奏快,闲暇时间少,如何在越来越少的闲暇时间里获得最大程度的休息和放松,成为他们要思考的主要问题之一。对于惜时如金的现代人来说,在购物中即时、便利显得更为重要。传统的商品选择过程短则几分钟,长则几小时,再加上往返路途的时间,消耗了消费者大量的时间、精力,而网上购物则弥补了这个缺陷。

（5）强调体验购买乐趣和从众的心理

消费者的购买决策过程包括需要激发、信息收集、比较评估、实际购买和购后感受五个阶段。一般地,网络用户具有兴趣需要、聚集、交流三个方面的基本需求。用户可能由于兴趣的需要而引起对与兴趣相关的产品的购买,因此,可以在电子商务网站上提供网络用户感兴趣的内容,吸引用户的目光,使消费者能注意并光顾自己的网站,以达到营销的目的。在聚集和交流方面,众多的网络用户通过社交平台聚集在一起,并充分地进行信息和经验的交流,使用户能充分地发表自己的看法,从而感到自己是被重视的。用户自然会关注企业并促成购买。人们生活在一定的社会圈子中,往往存在一种希望与自己应归属的社会圈子同步的心理,既不愿突出,也不想落伍。受这种心理支配的消费者构成了追随消费者群,这是一个相当大的顾客群。研究表明,当某种产品的消费率达到40%后,将会产生消费品的消费热潮,网络消费者中不乏具有这种心态的人。

2.网上消费不能满足消费者的心理期待

（1）消费者缺乏网上购物的知识,购物观念陈旧

目前,虽然我国网络逐渐普及,但由于一些人对网络消费不太了解,普遍感觉网上购物不靠谱。况且,消费者传统购物习惯是到商店"亲眼看,亲手摸,亲耳听,亲口尝",还总是担心买到假冒伪劣产品,更何况网络购物交易双方不见面,交易的虚拟性强,即使网络商品具有价格实惠、质量好等特点,但网络商品看不见、摸不着,因此,更多的人还是宁愿选择传统的消费方式进行消费。

（2）不能满足某些人性化特定心理

虽然网上购物可替代部分人际互动关系,但它不可能满足消费者在这方

面的个人社交动机。比如，家庭主妇或朋友间希望通过结伴购物来维持与左邻右舍的关系或友情等。此外，虚拟商店也无法使消费者因购物而受到注意和尊重，消费者无法以购物过程来显示自己的社会地位、成就或支付能力。另外，网络商品的价格欠缺灵活，会令一些喜欢在现场讨价还价的消费者缺乏体验感。

（3）价格预期心理得不到满足

据统计，消费者对网上商品的预期心理比商场的价格便宜20% ~ 30%，而目前网上商品仅比商场便宜4% ~ 10%，加上配送费用，消费者所享受到的价格优惠是有限的。另外，我国的电信费和网络使用费较高，一些消费者对网上购物可望而不可即。

3. 网络口碑信息对购买决策有重大影响

由于网络的虚拟环境，企业难以对产品实体进行百分之百的真实展示。顾客购买商品时的参考因素，在很大程度上在于其他顾客对该商品的评价。因此，在网上购物中，网络口碑信息对消费者的购买决策有着重要影响。在销售实践中，一些人买家电、服装、化妆品等时，会收集其他人对自己要消费的品牌及产品的评价。如果网络口碑较差，就放弃购买。据相关研究表明，网络负面口碑对于消费者购买决策的影响要明显大于正面口碑。事实证明，在网络环境中，一群网友的十句称赞可能不敌一个不满意网友的一句声讨。

4. 不知所措心理阻碍购买决策的制定

网上购物的"先查点评，再去消费"已深入人心。在网上，每一个消费者都成为意见领袖，他们的点评被其他消费者广为浏览，成为其消费决策的参考依据，进而影响商家的人气和销售量。然而，用户面对每天上传的数万乃至数十万个点评，如何让其优先看到更具参考性的点评就是一个十分棘手的问题。针对自己打算购买的商品，被数万乃至数十万个信息包围着，消费者会不知所措，很难做出购买决策。

第四节　消费者网络购买决策过程分析

消费者的购买行为是为了使用商品，获取商品的效用来满足自身的某些需求，并不是简单地为商品而购物。网络消费者的决策过程可分为问题认识

（需求唤醒）、信息搜集、评价与选择、购买决策和购后评价五大部分。

当消费者知觉到某事物的实际状态和期望状态之间有差距，且当差距扩大到足以激发消费者进入购物决策程序，便引起消费动机，唤起知觉上的需求，进而产生问题认知。当消费者意识到自己的需求时，就开始搜索内部或外部信息，以满足需求，为购买前的方案提供充足的信息。在这一过程中，逐步形成一套方案评估标准，做好购买前的方案评估。然后，从可能的方案中选择最后确定要购买的商品，做出购买决策，产生购买行为，取得所需要的商品或服务。在购买后，对本次购买行为进行评价，加深消费者对商品或服务消费经历的体验，这将有助于制定未来的购买决策。消费者对购买行为会产生满意或不满意的评价，若是对购物经历感到满意，则加强其信念并将满意结果储存于记忆中；若对购物经历感到不满意，则会导致消费者产生购买后的心理失调。

一、问题认识

网络消费者购买决策过程的起点是问题认识。通常，人体内在的需要和外部刺激都可以唤起消费者的需求。消费者需求的产生有以下几个方面的诱因：①情感动机。如新奇感、快乐感、满意感等消费者的个人心理情感可能诱发网上消费需求，这种基于情感的动机通常是不稳定的。②理性动机。当消费者认为已有的商品不能满足需求时，就会产生购买新产品的欲望。③光顾动机。这是指消费者由于对特定的网站或商品等产生特殊的信任与偏好而习惯性光顾，并在光顾的过程中产生购买动机。这类消费者通常是某一网站的忠诚浏览者，他们不仅自己经常光顾这一网站，还会向周围的朋友推荐该网站。

在网络购物中，需求的唤起与网页等外部因素刺激有着很大关系，这些外部因素主要是指对消费者的视觉和听觉产生刺激的文字、图片和音乐。在浏览网页的过程中，消费者接受来自网页的外部刺激，在消费者心理作用配合下，唤起需求欲望。当需求欲望达到一定程度并形成购买动机后，网络消费者明确自己的需求，于是，需求被唤起。

二、信息搜集

当需求被唤起，问题被认识之后，消费者希望自己的需求能得到满足，那么，接下来的收集信息、了解行情成为消费者购买决策的第二个阶段。

网络消费者收集信息的渠道主要有两个，即内部渠道和外部渠道。消费者首先在自己的记忆中搜寻与所需商品相关的知识经验，如果没有足够的信息用于决策，消费者便通过浏览各专业网站、商业网站和公共网站等外部渠道来寻找相关信息。

在信息搜集过程中，网络消费者计算机掌握的熟练程度与信息收集的质量、效率有密切关系。网络消费者的计算机水平越高，所获取的信息越多，信息质量越高，所消耗的时间越少，则越有助于消费者的购买决策。此外，网络传输速度对消费者的决策行为也有影响，网络传输速度的快慢决定了消费者上网购物所需时间的多少。如果消费者上网购物需消耗较多的时间，那么其上网购买的欲望就会减弱，决策行为会因此受到影响。

三、比较选择

比较选择是购买过程中必不可少的环节，消费者对各种渠道汇集而来的资料进行比较、分析、研究，对多个可能的购买方案加以评估，从中选择最为满意的一种。

在众多的考虑因素中，网络消费者的经济状况是影响消费者购买意向形成的重要因素。一般情况下，网络消费者的经济状况越好，网络购买成本对消费者的影响就越小，消费者的购买意向就越强。

产品价格、产品质量对消费者购买意向的形成也有重要影响。一般产品价格越低，网络消费者经济承受能力就越高，购买欲望就越强，越能促使消费者做出产品的购买决策。同时，产品购后评价、专家评论也是影响评估的重要因素。购后评价越好、专家评论越高，消费者的购买欲望就越强。

消费者对网络购物的风险感知也是影响网络购买行为的重要因素。由于消费者不能接触到产品实物，无法证实产品质量相关信息的真伪，很难判断其优劣。因此，消费者对购买行为的未来结果和不良后果发生的概率感到不确定，产生感知风险。随着感知风险由小到大，消费者的购买欲望也由强到弱。当感知风险增大到一定程度时，消费者就会放弃对商品的选择。

感知风险的大小与产品价格、商品类别和消费者对企业的信任度三个方面有关。一般情况下，商品价格越高，支出越大，消费者就越担心支出钱财的安全性，消费者感知风险就越大。同时，所购商品类别不同，消费者相应的感知风险大小也不同。对于消费者习惯通过感官鉴别质量的商品，购买时感知风险就大；而对于图书、光盘等质量差别不大的商品，消费者在购买时感知的风险就较小。对于信誉好的企业，消费者对企业的信任度高，其在购买时所感知的风险就小；反之，消费者感知的风险就大。

网络购物中消费者直接接触实物的机会很少，消费者对网上商品的比较更多地依赖于厂商对商品的描述，包括文字的描述和图片的描述。如果网络营销商对自己的产品描述不充分，就无法吸引众多的顾客；如果对产品的描述过分夸大，甚至带有虚假的成分，则可能永久地失去顾客。所以，企业要做好商品描述工作，帮助消费者下定决心，但不能过分夸大。

四、购买决策

网络消费者在完成对商品的比较和选择之后，形成购买意向，进入购买决策阶段。

在购买决策阶段，网络消费者需要做出的决策包括购买数量、购买地点、购买方式、付款方式等。

与传统的购买方式相比，网络购买者的购买决策有许多独特的特点。首先，网络购买者理智动机所占比重较大，而感情动机所占的比重较小。这是因为消费者在网上寻找商品的过程本身就是一个思考的过程。对任何一种新产品，消费者都不用担心买不到。他们有足够的时间仔细分析商品的性能、质量、价格、外观、销量和买家评价，从容地做出自己的选择。其次，网络购买受外界影响较小。购买者常常是独自坐在计算机前上网浏览、选择，与外界接触较少，因而决策范围有一定的局限性，大部分的购买决策是自己做出的或是与家人商量后做出的。正是由于这一点，网上购物的决策过程较之传统的购买决策要快得多。

要在没有实物的情况下把消费者口袋里的钱掏出来，并非一件容易的事。网络消费者在做出购买某种商品的决策时，一般需要具备三个条件：第一，对商家具有信任感；第二，对网上支付有安全感；第三，对商品有好感。所以，树立企业形象，使用可信任的第三方支付平台，提高产品质量，是每一个参与网络营销的厂商必须重点抓好的三项工作。这三项工作做好了，才能促使消费者毫不犹豫地做出购买决策。

五、购后评价

网络消费者在购买商品后，通过使用、体验，对决策结果进行检验，以判断决策正确与否。至此，一个完整的购买决策过程结束。同时，购后评价又是新一轮购买决策过程潜在的开始。消费者的购后评价能影响消费者未来的决策行为。

消费者在购买商品之后，会进行本次购买满意程度的评估。评估的常用方式是通过自身使用以及参考他人的评价，对自己的购买决策进行检验和反省，重新考虑这次购买是否正确、效用是否理想、服务是否周到等问题。网络消费者的购后评价主要集中在商品的外观、质量或功效与预期是否相符；卖家服务是否周到和专业；支付方式是否安全和便捷；物流是否快速和安全；售后服务是否到位等。

购后评价往往决定了消费者今后的购买意向和行为。如果购后评价符合消费者的期望甚至超出其期望值，消费者对本次购买的满意度就会很高，在今后的购买中，重复购买的可能性就高。反之，如果与期望不符，消费者对本次购买会不满意，重复购买的可能性就大大降低。因此，商界中流传着这样一句话："一个满意的顾客就是我们最好的广告。"

第七章　直播模式下的网络营销与消费者行为

第一节　基于直播的网络营销概况

　　所谓网络直播营销，是指企业以直播的形式将营销信息展示给观众，以达到品牌提升或是产品销量增长的目的。早在 20 世纪 90 年代初期，我国就已经出现电视购物直播，这主要是以广播、电视为渠道，进行宣传、销售等营销活动的购物类直播。现如今，网络技术飞速发展，智能终端普及率极高，各大直播平台也不断涌现，网络直播的营销价值日益凸显。

一、网络直播营销特征

（一）实时互动性强

　　实时互动性，是直播营销的最显著特征，用户能够随时和主播互动。传统网络营销是商家发布信息，受众通过关键词搜索或者观看标贴广告进行了解，并根据个人喜好决定是否观看。因此，用户参与感不高，商家无法及时掌握用户对广告的反应，且广告一旦播出，就难以快速根据用户反应进行修改，商家比较被动。如今，这个问题被直播营销有效解决，实时发布增强了主播与用户之间的互动性，拉近了用户与直播主题的距离，用户的反馈可以被主播及时的接收，用户可以自主选择观看直播，并随时提出意见、疑虑、诉求，通过延伸用户在直播中的参与度，从而提高营销效果。

（二）传播范围广

互联网的发展突破了空间的限制，无论相隔多远，都能通过网络进行即时沟通。网络直播的出现，突破了传统媒体互动滞后和单一输出的局限，受众与主播通过弹幕、点赞、送礼等方式开展一对一、一对多、多对一的实时互动成为可能。传统的产品发布会，用户如果距离较远可能会因为时间成本、金钱成本等原因放弃参与，在一定程度上弱化了商家的活动效果。而现在，通过直播，无论用户身在何方，只要对产品感兴趣，就都能通过网络进行实时观看，并与商家进行即时互动。录制好的直播，可以以视频的形式进行存储。储存和传播更加方便，有效地推动了二次营销。

（三）精准营销

传统营销无法准确得知广告费的具体效果，与之不同的是，直播营销能够让广告商看到用户的覆盖面和粉丝的增长数量等数据，通过一定的数据判别广告效用。产品品类的增多及用户需求的个性化发展促使直播内容向垂直领域细分，基于不同的用户画像，形成多个垂直细分领域，如美妆、美食、家居、旅行、健身、游戏等。直播满足了互联网"想看就看"的准则，在特定的时间进行直播内容的播放。当然还有录播的功能，客户可随时观看。根据这些特点，企业可以即时锁定高价值用户，配合促销活动引导他们到相应的电商平台购买，从关注到购买。有效提高转化率，以此最大限度地发挥企业的营销价值。

（四）个性化增强

由于网络直播的亲民性及互联网时代下用户的网络属性，人们更多地发表个人观点，每个人都可以通过直播彰显特性。主播可以通过观点表达、兴趣爱好的展示等，集合同类兴趣群体，开拓新的自由表达的渠道。网络直播通过这种更加直接的互动表达方式，以直播的个性特点满足用户的个性化需求。

与传统营销不同的是，直播具有更加明显的互动和社交特征。电商的直播带给消费者耳目一新的购物体验，在直播过程中，主播可以解答用户提出的商品相关的问题并能够趁机推广更多的产品。此种方式让消费者更加有参与感，感受更加立体，从而使转化率大大增加。直播营销的强互动、广传播、精营销，让用户在接受品牌的营销信息时，也能感受到一种平等和尊重，而不是以前那种被动观看。与此同时，商家也能通过直播营销，使自己的品牌深入到每一位意向客户的意识中，从而达到更好的销售目标，这是一种双赢的模式。

二、网络直播营销的内容

在网络直播营销中，网络是平台，直播是渠道，营销是目的。渠道只是内容的载体，营销的特色是基于内容的创意。在直播营销中，我们对内容的产生三大要素进行分析。

（一）品牌生产内容（BGC）

BGC（Brand Generated Content），品牌生产内容，为受众提供产品、品牌、品类相关的信息，将品牌打造成消费者心中的权威专家。

企业直播营销的 BGC，最重要的作用是：通过在直播中向受众提供相关的产品信息，来向用户传达品牌的主流价值观、核心竞争力、品牌文化及社会责任等。

近年来，智能家居的消费热度逐渐提升，作为科技化产品，普通用户对于智能家居了解甚少，了解渠道较为狭窄，多是通过官方网站查询、电商平台咨询、线下展厅实地查看进行了解，且图片、文字、语言等描述解释仍是难以清晰地解答消费者的疑问，消除购买疑虑。

（二）专业生产内容（PGC）

PGC（Professional Generated Content），指的是专家生产内容、专业生产内容。直播营销更多地依赖明星、网红、名人等话题性人物实现最终的销售转化。没有话术策划，没有灯光布景，也没有使用专业的摄影师跟拍，只通过一部手机向用户传送和明星的日常对话。明星在直播过程中会多次提到某品牌的产品，在主播的引导下，消费者会进入官方平台搜索指定关键词，就可以购买明星提到的同款产品，以进行流量变现。据官方公布的数据来看，这种形式的销售转化非常高。很多产品在明星主播的带动下，销量暴增，涌现大量订单，直播后甚至出现脱销的情况。

与明星的巨大影响力和带货能力相比，网红的影响力与带货能力稍弱，但成本也相对较低，为了弥补影响力的弱势，企业会请多个网红，基于同一主题，做不同的内容直播。

由此可见，在直播营销中，PGC 发挥了至关重要的作用。邀请了"P"直播后，怎么让"PGC"的价值最大化？可以通过电商平台、红人带货实现销售的转化。

（三）用户生产内容（UGC）

UGC（User Generated Content），即用户生产内容，再通过网络平台将原创内容进行分享。用户既是网络内容的浏览者，也是创造者。

当用户只是对内容单向的消费时，他们就不会主动去维护自己的社交 ID，即便用户为了回复、关注等行为注册的账号，也往往是一些劣质账号：没有头像，没有个人说明，没有动态。这对于平台本身或者商家来说是不利于了解自己的用户群体，从而进行下一步的商业决策的。基于用户个性化内容的生产，平台会对指定的内容进行宏观调控和引导，设置核心的产品和内容。UGC 模式有利于提高用户对平台的依赖性，提升社交关系和社交效率，构建社交关系链。

三、网络直播的应用价值

与其他常见的营销形式相比，网络直播应用在营销中，有其特有的价值优势。

（一）营销成本较低

传统媒体营销的方式成本较高，而直播营销对场地、物料等需求较少，是目前成本较低的营销方式之一。在营销预算不足的情况下，甚至无须电脑，只要一台智能手机就可以进行直播。以直播为营销手段，可以使产品快速投入市场，大大缩减时间成本。直播营销的特点使得商家监管店铺活动，营销者只需要打开智能手机，选择合适的直播平台进入直播，随时随地就可以完成营销活动。传统视频类营销往往需要准备专业的拍摄设备，营销方需要组织专业的拍摄团队，而现在，只需要架上一部能连上互联网移动终端设备的智能手机，打开直播软件，就可以将直播的视频推送给嘉宾或者社交平台，完成整个营销过程，在增强传播效果的同时，又节省了许多成本。

（二）营销形式多元

直播营销与传统的媒体不同，"随走、随看、随播"是网络直播的特色，观众观看直播不再受限于时间、地点等客观条件。用户在网站浏览产品图文或在网店查看产品参数时，需要在大脑中自行构建场景，而直播营销完全可以在主播介绍商品的同时直接试用，可以让观众更直观快捷地了解相关品牌或商品。在粉丝经济盛行的时代背景下，传统的营销方式已经很难给观众带来新鲜感，而引导他们进行消费的难度就更大了。网络直播与传统媒体的单向传播信息的方式不同，观众在观看网络直播时拥有极大的自主权，并且直播平台为品牌方与消费者构建了一个可以直接交流的平台。在直播间可以通过弹幕互动交流，在和谐互动的娱乐化氛围中，可以更好地了解受众的需求和喜好，及时调整直播内容和营销方向，促使消费者为了自己喜欢的主播和内容来买单和消费。

（三）营销效果显著

将直播应用到营销中，很重要的一项优势就是在直播过程中潜移默化地影响消费者，让观众主动地为直播宣传的商品买单。与传统广告植入不同，在进行直播的时候，可以很隐蔽地植入广告。网络直播中的广告往往不需要特地进行编辑、造势、宣传，可以通过主播和观众的互动中，特别是娱乐性的互动活动中无意识地展示所要营销的产品，不经意地让观众对营销品牌或商品留下一定的印象。通过言语描述或者试用评测等行为，使观众愿意主动去关注所要营销的产品，引导观众进行消费。消费者在购买商品时，往往会受环境影响，由于"看到很多人都下单了""感觉主播使用这款产品效果不错"等原因而直接下单。因此，在设计直播营销时，企业可以重点策划主播台词、优惠政策、促销活动，同时反复测试与优化在线下单页面，以达到更好的销售效果。

（四）营销反馈性强

传统营销方式常常是以单向传播为主，无法及时得到用户的反馈。在产品已经成型的前提条件下，企业营销的重点是呈现产品价值，实现价值交换，但为了持续优化产品及营销过程，企业需要注重营销反馈，了解消费者意见。直播营销的互动是双向的，在直播过程中，直播与售卖活动是能够同时进行的，主播在将直播内容传达给观众的同时，观众也可以通过留言、弹幕的形式，即时发表意见或分享体验。因此，企业可以借助直播，一方面，收到已经用过产品的消费者的使用反馈；另一方面，收获现场观众的观看反馈。营销方或主播可以在第一时间根据现场反馈调整营销策略，采取更能刺激观众购买的形式，增强营销效果，有效地达到营销目的。

四、网络直播行业的兴起对大学生就业的影响

（一）网络直播行业对大学生就业的影响

网络直播行业的兴起和发展，对于当前市场营销活动的发展、互联网经济的增长具有积极意义，同时，也创造出更多的就业岗位。大学生作为接受先进教育、走在思想前端的年轻人，更为容易接受新鲜事物，通过网络直播成就一番事业。仔细分析网络直播行业的兴起给大学生就业产生的影响，能够为大学生就业提供一定信息的支持。

1. 正面影响

（1）提供大量新兴就业岗位

在网络直播行业兴起和发展过程中，需要大量的高水平人才作为支撑，营造出更为宽松、和谐、健康的发展环境。随着网络直播行业的深入发展，创设出大量的新兴就业岗位，如网络主播、网红、声优、媒体推广人员、游戏评测师等，这些岗位进入门槛较低，短时间内经济回报高，在吸纳就业人员方面效果显著。相应地，在"直播＋"运营生态模式的持续发展过程中，各行各业都能够和网络直播行业相结合，这就对于岗位人员提出了较大的需求。在网络直播的带动下，程序员、文案编辑、活动策划、新媒体运营、摄像、剪辑师等多种岗位人员都拥有了更广阔的发展天地。

（2）提供更多创业就业机会

相较于传统媒体直播，在网络直播行业发展中，从注册到内容制作，再到内容传播和推广，对于网络直播的设备要求、主播资质要求都较低。只要用户拥有智能手机、电脑、摄像头、身份证等近乎标配的物品，就能够参与到直播行业当中。网络直播行业拥有灵活的创收模式，粉丝群体庞大，极容易吸引大学生创业和就业。

2.负面影响

网络直播行业起步较晚，有时会出现网络直播乱象。个别主播过于追求经济利益，采取一些博眼球的做法，如假慈善、低俗表演、奇葩镜头等。大学生还没有进入社会，在多种文化思潮的影响下，容易受到眼前高收入的吸引，过多地沉迷于网络直播，不利于自身的长远发展，也容易产生价值观扭曲的问题。

（二）发挥网络直播行业对大学生就业积极影响的策略

1.政府层面

政府发挥自身的正面引导作用，推进网络直播行业的健康稳定发展，积极创设出和谐、健康的发展环境，从而加大网络直播行业正面影响，带动大学生就业。积极健全网络直播行业相关法律法规，加强市场监管工作，发挥网络直播行业的优势和价值。国家要高度重视网络直播行业的市场监管工作，结合其现阶段的实际发展情况，制定出科学可行的法律法规，从法律层面进行综合管控。

面对网络直播行业发展中的一些乱象，2016年9月，国家新闻出版广电总局发布了《关于加强网络视听节目直播服务管理有关问题的通知》，对于直播服务的依法开展提出了要求；2016年12月，国家网信办也出台了《互联网直播服务管理规定》，具体明确了网络直播的资质审查、信用体系建立以及传播内容等方面的内容。政府以法律法规的形式要求网络直播行业平台、企业承担起社会责任，给网络直播行业乱象整顿工作提供可靠支持，有效规范行业标准，形成网络直播行业信用体系、内容审核评议机制等，保障整个网络直播行业保持健康稳定的发展态势。尽管陆续出台的法律法规能够在引导网络直播行业发展方面发挥作用，但是对于这一新兴行业来说，迅猛的发展速度、瞬息万变的市场环境容易产生新的问题，需要持续完善法律法规，实施科学规范引导。

2.高校层面

高校在培养高素质人才、帮助大学生形成健全人格和正确价值观方面发挥着重要作用。面对网络直播行业给大学生就业带来的影响，高校要积极承担起正面引导的职责。网络直播行业发展中伴随着机遇和挑战，对大学生就业也产生了较大影响，思想政治教育工作者要主动参与到大学生教育活动中，提升大学生的思想认识水平，增强他们趋利避害的能力。

（1）开展大学生网络直播监管活动

高校要不断加强对大学生在校期间参与网络直播的监管，确保大学生不被网络直播的高收入迷失方向，保证大学生能够以学业为重，高效完成学习任务。高校可以积极开展多种形式的教育教学活动，如专题讲座、课堂思想政治教育、座谈会等形式，规范大学生的网络直播行为，以使他们保持清醒的思想认识。

（2）组建专门网络直播指导人员队伍

高校思想政治工作者要能够担负起相应的职责，从事大学生网络直播管理活动，为大学生的困惑、迷茫等心理情况提供科学指导。

（3）开展大学生职业生涯教育活动

在网络直播行业兴起和发展过程中，创设出较多就业、创业机会，响应"大众创业、万众创新"号召，高校要积极通过职业生涯教育工作，解决学生在从事网络直播工作岗位方面的一些误区和难题，帮助大学生形成正面的职业认知。

3.大学生自身层面

大学生要为自身的职业和未来负责，在面对网络直播行业这一机遇与挑战并存的新兴事物时，要保持清醒的头脑，充分开展调查和研究活动，结合自身兴趣和爱好选择适合从事的岗位。大学生要树立正确的择业观，以辩证的角度看待网络直播行业。只有当网络直播行业发展和自身职业生涯规划保持一致时，才有助于自身长远的发展。大学生要充分利用互联网优势，主动寻找和学习就业技巧，增强就业能力，树立就业信心，在必要情况下要积极寻求老师和同学的帮助。

第二节 直播营销对消费者行为的影响

一、直播营销对消费者购买决策的影响

（一）消费者更容易冲动性购买和从众性购买

消费者在进入直播间之前，并没有明确的消费需求，然而在直播过程中，由于一些外界条件的刺激，如直播间打赏、抽奖或者主播的颜值、言谈等，有些消费者就会发生冲动性购买行为。

由于直播的高度互动性，让每一位消费者既可以与主播互动，也可以与其他同步观看的消费者互动。在这个过程中，可以了解主播的使用心得，同时，也可以询问其他消费者的购买体验。所以，消费者很容易在对商品认知还不全面且未衡量自身是否需要的前期下，便由于其他人的购买行为而影响自己的认知而进行从众性购买行为。

（二）消费者购买决策周期在缩短

消费者购买决策过程是一个非常复杂的过程，特别是对于一些价格比较高的商品，消费者往往会进行反复的斟酌比较才能制订购买方案。这个过程可能是几个小时、几天，甚至几个星期、几个月。然而，直播营销让消费者的购买决策周期大大缩短。

（1）消费者在直播间容易发生非理性购买行为，在直播过程中，消费者很难冷静下来进行思考，消费决策的时间自然就缩短了。

（2）现场直播是一种双向沟通，消费者可以通过实时互动，全方位地了解产品的相关信息。直播间的主播不仅是销售员，更是意见领袖，其本人的使用感受与给予消费者的经验指导能够让消费者快速形成对产品的信任而直接做出购买决策。

（三）品牌对消费者购买决策的影响力在下降

在市场营销中，品牌象征着产品的品质和形象，能够给商品带来溢价，能够吸引一大批忠实而长久的顾客。无论是在消费者购买决策过程中的信息

收集阶段，还是评价选择阶段、购买决策阶段，品牌都是重要的影响因素。而直播营销却让品牌溢价能力下降。

相较于传统的明星产品代言，许多网红主播成名之前多为草根，消费者对于这类群体具有更近的心理距离，更容易与其建立起心理联结。这些主播的销售方式往往也不一样，他们通过情感互动、体验分享等方式获取消费者的认同。

直播营销对象的称谓不是顾客，而是粉丝，是老铁。粉丝们或老铁们对主播具有非常高的情感黏性，他们在购买决策过程中也逐渐形成"只认人"的心态，对主播的推荐形成了依赖性。只要是主播推荐的，不知名品牌的产品销量也可能会超出大品牌。换言之，在直播营销中，品牌对消费决策的影响力正在被削弱，直播网红的个人影响力在增强。

（四）消费者的求新行为进一步凸显

主播强大的带货能力不仅仅是靠个人魅力，更重要的是能够在直播间不间断地给粉丝们提供新的商品。为了避免掉粉，很多主播一年365天，几乎每天都出现在直播间，但是不能每天都直播相同的商品，否则粉丝就有可能厌倦。一方面，消费者高频率地求新行为要求主播不间断地寻找新的货源；另一方面，主播需要根据消费者在直播间的互动以及当天的下单情况，了解消费者对新款商品的反应，如果反应不好，很有可能第二天就下架了。在此背景下，主播对供应商的市场反应能力提出了较高的要求。

以服装厂为例，在传统模式下，一个爆款可以持续卖好几个月，但是现在可能缩短到一个星期、三天，甚至一天。工厂半天时间就得做出样衣，拿到样衣之后，主播就开始卖货，边卖边统计订单，直播一结束，就向工厂下单，要求工厂快速出货。像这种先收集订单、再下单的模式，每天都得用新款换掉部分旧款，换新周期缩短，款式数量增多。

由此可见，在直播经济下，消费者的求新行为让产品供应链的速度和灵活度发生了质的改变，而这又进一步让消费者的求新行为更加凸显。

（五）消费者的购后满意度提高

消费者购买决策过程的最后阶段是购后评价。在以往的购买活动中，消费者的购后评价影响的是产品的重复购买率与忠诚度。然而，在直播营销中，消费者行为的对象不单单是产品，还有主播本人，而且主播本人占据的比重更大。在一些直播中，很多消费者都是冲着对主播的信赖而购买产品，购后不满意导致的结果就是对主播的失望，从信赖到失望，这种情感上的转变影响的不仅仅是单个产品的销量，还是对主播所有推荐商品的排斥。顾客由粉丝变为路人，甚至是黑粉，这对于主播来说，是毁灭性的打击。因此，主播会格外谨慎，对直播的产品层层把关，严格审核，确保推荐给粉丝们的商品货真价实，物有所值。由此一来，消费者的购后满意度自然提高，购后满意度的提升进一步提高消费者对主播的黏性，由此良性循环发展。

二、以出版直播为例分析其对消费者行为的影响

互联网的高速发展使人们的生活发生了巨大变化，网络购物逐渐成为人们所依赖的购物方式。越来越多的消费者选择网络购书，除了当当、京东、亚马逊等电商平台，天猫书城、出版单位或者实体书店的自建官网等也给读者提供了更多的购书选择。由于疫情的影响，不少出版机构利用线上网络直播的虚拟购书场景吸引消费者购书。2020年疫情期间，多家出版社和书店依托网络直播售书，不仅取得了较好的销售业绩，也更加凸显了出版业的知识服务功能。网络直播购物作为一种新兴购物模式，其对消费者的购买行为具有显著影响。

（一）出版直播现状及发展趋势

当前，出版机构的直播主要选择在天猫、京东、当当等电商平台进行，也有不少出版社选择与抖音、快手等新媒体机构合作。出版直播主要采用网红直播和出版社工作人员自播两种方式，通过主播生动、丰富的口述吸引消费者的关注，引导消费者的购书行为，实现出版直播的带货功能。

1.网红直播吸引消费者购书

自2019年以来，图书直播带货掀起热潮。网红与名人加盟出版直播带动了出版直播平台的活力，他们通过直播与粉丝互动，讲解有关图书和书店的相关讯息，将用户转化为粉丝，通过引导粉丝经济、增强用户黏性以达到盈利目标。

2.出版发行机构工作人员直播售书

《2019年阅读行业新媒体发展报告》显示，各大出版社除了积极参与直

播带货外，还入驻今日头条、抖音、趣头条等平台，甚至开发微信小程序和客户端，不断拓宽出版传播渠道，延伸图书营销的服务功能。2020年年初，疫情阻断了图书线下宣传营销活动，出版机构纷纷转向线上营销推广。出版社编辑、营销人员、发行人员、社长、总编辑变身带货主播，书店、电商也调整了图书直播卖货配置。2020年的世界读书日，抖音平台联合北京出版集团等23家出版社直播售书，出版机构的工作人员担任主播的优势在于他们不仅了解图书内容，还能为消费者线上购书提供最优指导。传统出版机构选择直播带货正是出版机构工作人员互联网思维的体现，了解读者需求和新媒体的时代特征，借助网络直播平台进行多样化的图书宣传和推广。

3. 出版直播将成为新型售书方式并成为业内常态

随着5G技术的推广、物流网络的日益完善以及消费者消费习惯的改变，直播带货将成为人们主流的消费方式。未来，科技发展的两个方向是5G技术和人工智能，这些技术的发展不仅能提高网速，还能增强智能匹配性，为网络直播带来更强烈的互动性。目前的直播带货，用户仍以"看"为主，随着VR技术的发展，用户将得到更深刻的沉浸式体验，其他感官的体验也将逐步模拟出来，用户在屏幕前可以通过触摸的方式感受实体图书的质感。目前，多家出版机构进军网络直播也是经验的积累，为未来出版业与科技的深度融合做好准备。

（二）出版直播对消费者购买行为的影响

网络直播下，消费者购书行为跨越了时空障碍，购书呈现出新的模式与特征，既富有娱乐性又方便快捷。

1. 冲动性购书消费

在出版直播过程中，不少消费者会被意见领袖所影响，甚至不关心推荐的图书产品，只是因为主播推荐或者喜欢该主播就会购买，没有任何消费计划，消费者从理性消费转变为冲动消费。

2. 从众性购书消费

网红的热度高，消费者则容易在他人影响下跟风购买。此外，直播间经常充斥着"又下单了多少册""某图书已售罄""手快有手慢无"等暗示性语言，易让观众产生"很多人都在抢购某本图书，不购买就会吃亏"的心理。消费者在观看直播的过程中，容易受到线上人群的影响，这都是消费者从众心理带来的从众性购书消费。

3.场景型购书消费

网络直播为出版企业、作者、消费者搭建了一个即时的、真实的、可互动沟通的平台，直播内容和创设的场景给消费者传递出一种图书消费的仪式感。出版机构通过直播可以进行场景化营销，将作者背景、编辑流程呈现给消费者，使消费者产生一种在虚拟网络空间"逛街"的场景感，于是，产生高度的认同感并购买图书。

4.情感型购书消费

出版直播模式有利于在主播和消费者之间建立信任，这其中的情感连接是直播带货在本质上打动消费者的原因。当前的出版直播有线上的专家讲座、对话交流、在线展示等多种形式，凸显了强大的社交功能。出版直播已经不再是简单的知识传递，而是人们沟通交流、产生深层次链接的新空间。

（三）出版直播影响消费者购买行为的原因

网络直播得到消费者青睐的原因有以下几点：一是我国互联网的基础设施较完善，消费者数量基数大，庞大的网民体量构成了中国蓬勃发展的消费市场主体，也为数字经济发展打下了坚实的用户基础。二是网络直播与时俱进，充分利用了消费者的碎片时间，提供回放服务，并附有优惠活动。三是直播势不可当的带货能力。《2020 淘宝直播新经济报告》显示，在直播成交金额增速 TOP10 行业中，图书音像排名第三。出版直播正以其独特的魅力吸引用户的购买行为，原因有以下几点。

第一，出版直播的互动性强，有助于增加消费者对图书和出版机构的品牌信任感，从而影响消费者的购书选择。在一些热门直播窗口，因视频而引起的观点碰撞成为真正的看点，此时，内容本身已经没有那么重要了，用户之间的互动与激发才是直播的精髓。消费者在购买图书的同时，还可以了解其他人如何评价该书，在直播过程中获取信息，参与相关话题的交流。传统的图书生产以图书为媒介进行知识的传递，消费者很少能和作家、编辑直接交流，而在如今的网络直播过程中，主播、作者、编辑都能参与其中，有更多的机会与消费者进行互动。消费者不再仅仅通过简单的文本阅读来了解图书，还可以有更多的机会以更直观的方式了解图书生产制作的各个环节和流程，从而更深层次地了解图书文本背后的故事。

第二，出版直播为消费者提供了虚拟的购物场景，影响消费者对图书内容真实性的感知，进而决定消费者的购买意向。大数据、移动设备、社交媒体、传感器、定位系统构成的"场景五力"所产生的联动效应，正在推动建构一个真实可感的场景时空。网络直播的本质是基于场景的连接，出版直播购物与其他网络购物方式最大的区别在于直播过程是现场即时口述，没有镜头的转换，呈现的是完整的商品和购物场景，为消费者提供了场景化的体验，扩大了消费者互动的空间。

第三，出版直播实现了精准营销。长期以来，消费者选择网络购书只能通过静态平面图、详情文字页、内容简介等方式了解图书，容易出现与实际期望不相符的情况。出版网络直播活动属于定点窄播，从大而全的受众市场转为针对特定的受众群体，能在真正意义上获得更有深度的用户信息，对消费者的阅读偏好、关注点进行精确的市场分析。当前的网络购物已不再仅仅是单纯的商品买卖行为，网络直播还赋予了其社交和生活化属性。出版直播可以让特定消费群体更加直观地了解图书产品，带给他们更强烈的参与感，这些优势增强了消费者购买图书的意愿。

参考文献

[1] 柳思维.消费经济学（第3版）[M].北京：高等教育出版社，2018.

[2] 姜彩芬，余家扬，符莎莉.消费经济学[M].北京：中国经济出版社，2009.

[3] 田晖.消费经济学（第3版）[M].上海：同济大学出版社，2013.

[4] 吴炳新.消费经济学[M].北京：对外经济贸易大学出版社，2016.

[5] 叶敏，张波，平宇伟.消费者行为学[M].北京：北京邮电大学出版社，2016.

[6] 冉陆荣，李宝库.消费者行为学[M].北京：北京理工大学出版社，2016.

[7] 刘万兆，赵曼，陈尔东.消费者行为学[M].北京：中国经济出版社，2018.

[8] 俞以平，陶勇.消费者行为学[M].沈阳：东北财经大学出版社，2017.

[9] 陈欢，庄尚文，周密.消费需求转变、企业家精神与经济高质量发展[J].首都经济贸易大学学报，2020，22（06）：3-16.

[10] 王芳，沈诗霞.论消费结构合理化监测指标体系[J].华东经济管理，2009，23（07）：60-62.

[11] 贾凯露.非物质文化遗产的艺术审美价值[J].名作欣赏，2021（02）：103-104.

[12] 祁巍，王智利，胡夕坤.浅谈经济社会和谐发展与消费方式的变革[J].商场现代化，2008（20）：144.

[13] 辛本禄，刘燕琪.服务消费与中国经济高质量发展的内在机理与路径探索[J].南京社会科学，2020（11）：16-23+48.

[14] 刘涛，袁祥飞．我国服务消费增长的阶段定位和政策选择——基于代表性发达国家服务消费增长规律 [J]. 经济纵横，2019（02）：101–110.

[15] 关利欣．消费升级的国际比较及其借鉴意义 [J]. 国际经济合作，2018（05）：25–29.

[16] 丁显有．浅谈消费方式对环境的影响 [J]. 现代经济信息，2015（21）：134.

[17] 郭廓．互联网环境下信息消费问题探讨 [J]. 行政与法，2020（11）：56–61.

[18] 矫立军．信息消费升级为经济发展蓄势 [J]. 人民论坛，2020（29）：82–83.

[19] 金美伶．消费者购买动机与市场营销策略分析 [J]. 当代经济，2014（11）：42–43.

[20] 何建民，叶景，陈夏雨．营销内容特征对消费者购买产品态度及意愿的影响 [J]. 管理现代化，2020，40（06）：82–85.

[21] 罗江，迟英庆．基于理性行为理论的消费者行为研究综述 [J]. 商业经济研究，2016（06）：34–37.

[22] 蔡菲，聂元昆．关于消费者矛盾态度研究的文献综述 [J]. 中国市场，2013（45）：17–19.

[23] 郑浦阳．国内外消费者行为研究综述 [J]. 价值工程，2020，39（16）：253–257.

[24] 谢琛．90后家庭的家庭购买决策探讨 [J]. 现代经济信息，2019（18）：137.

[25] 谭泉林．定价策略：区分消费者类型 [J]. 销售与管理，2019（08）：74–75.

[26] 石华灵．中国传统文化对消费者行为的影响 [J]. 北方经贸，2016（08）：53–55.

[27] 李晶．对影响消费者行为的情境因素分析 [J]. 中国市场，2016（22）：103–104.

[28] 刘亚平．出版直播的兴起与发展 [J]. 中国传媒科技，2020（6）：42–44.

[29] 郎佳欢，马娇，梁丽军．网络直播营销对消费者冲动购买的影响探究 [J]. 中国市场，2020（35）：121+123.

[30] 黄华鸣．网红直播对消费者购买决策的影响分析 [J]. 内蒙古科技与经济，2020（22）：70+72.

[31] 江翠平．出版直播对消费者购书行为的影响分析 [J]. 出版广角，2020（22）：77–79.

[32] 汪怡 . 浅议"直播带货"存在的法律问题及完善建议 [J]. 全国流通经济，2020
     （33）：9–11.

[33] 仇伟，郁则青 . 网络直播行业的兴起对大学生就业的影响分析 [J]. 产业创新研
     究，2020（21）：195–196.

[34] 杨宁，郭玉淇 . 基于直播的网络营销现状研究 [J]. 农家参谋，2020（23）：
     132–133.

[35] 徐静雯 . 网络直播营销的现状及未来探析 [J]. 现代营销（经营版），2020（10）：
     170–171.

[36] 杨强，丁勇 . 移动互联时代技术创新产品扩散机制与对策 [J]. 经营与管理，
     2020（04）：10–13.

[37] 刘娟 . 网络直播营销现状及对策分析 [J]. 中国产经，2020（02）：14–15.

[38] 洪爽 . 探讨互联网消费金融的风险管理 [J]. 现代营销（信息版），2019（07）：7.

[39] 龚雪 . 从创新扩散理论看小程序的兴起 [J]. 现代交际，2019（11）：66–67.

[40] 李千帆，赖洁瑜 . 网络直播在电商平台中的应用研究 [J]. 老字号品牌营销，
     2019（06）：63–64.

[41] 谭舒月，侯玲 . 网络消费者行为及影响因素浅析 [J]. 现代营销（下旬刊），
     2019（02）：71–72.

[42] 刘一蕰 . 互联网时代影响消费者行为意愿的因素 [J]. 财经界，2017（07）：
     116–118.

[43] 金旭东 . 关于商店展示设计与消费者行为关系的研究 [J]. 中国商贸，2011（29）：
     19–20.

[44] 杨兰 . 中国网络消费与经济增长的关系研究 [D]. 长沙理工大学，2018.

[45] 王贺峰 . 消费者态度改变的影响因素与路径分析 [D]. 吉林大学，2008.

[46] 田隽 . 中国居民消费结构变化趋势研究 [D]. 湖南大学，2010.

[47] 江薇 . 网络消费者购买决策影响因素研究 [D]. 首都经济贸易大学，2019.

[48] 钱路波 . 中国社会主义市场经济创新发展研究 [D]. 南京航空航天大学，2018.